Wie ward Fritz Stolberg ein Unfreier?

beantwortet von Johann Heinrich Voß

Johann Heinrich Voß

Impressum

Autor: Johann Heinrich Voß
Umschlagkonzept: toepferschumann, Berlin

Verlag: tradition GmbH, Hamburg
ISBN: 978-3-8424-1376-4
Printed in Germany

Tucholsky Wagner Zola Scott Sydow Freud Schlegel
Turgenev Wallace Fonatne

Twain Walther von der Vogelweide Fouqué Friedrich II. von Preußen
Weber Freiligrath

Fechner Fichte Weiße Rose von Fallersleben Kant Ernst Frey
Richthofen Frommel
Hölderlin

Engels Fielding Eichendorff Tacitus Dumas
Fehrs Faber Flaubert

Maximilian I. von Habsburg Fock Eliasberg Zweig Ebner Eschenbach
Feuerbach Ewald Eliot Vergil

Goethe Elisabeth von Österreich London

Mendelssohn Balzac Shakespeare Dostojewski Ganghofer
Lichtenberg Rathenau Doyle Gjellerup
Trackl Stevenson Hambruch
Mommsen Tolstoi Lenz Droste-Hülshoff
Thoma Hanrieder
Dach Verne von Arnim Hägele Hauff Humboldt
Reuter
Karrillon Rousseau Hagen Hauptmann Gautier
Garschin

Damaschke Defoe Hebbel Baudelaire
Descartes

Wolfram von Eschenbach Schopenhauer Hegel Kussmaul Herder
Bronner Darwin Dickens Rilke George
Melville Grimm Jerome
Campe Horváth Aristoteles Bebel Proust

Bismarck Vigny Barlach Voltaire Federer Herodot
Gengenbach Heine

Storm Casanova Tersteegen Gilm Grillparzer Georgy
Chamberlain Lessing Langbein
Brentano Lafontaine Gryphius
Strachwitz Claudius Schiller Kralik Iffland Sokrates
Bellamy Schilling
Katharina II. von Rußland Gerstäcker Raabe Gibbon Tschechow

Löns Hesse Hoffmann Gogol Wilde Gleim Vulpius
Luther Heym Hofmannsthal Klee Hölty Morgenstern
Roth Heyse Klopstock Goedicke
Luxemburg La Roche Puschkin Homer Kleist
Machiavelli Horaz Mörike Musil
Navarra Aurel Musset Kierkegaard Kraft Kraus
Nestroy Marie de France Lamprecht Kind Kirchhoff Hugo Moltke

Nietzsche Nansen Laotse Ipsen Liebknecht
Marx Ringelnatz
von Ossietzky Lassalle Gorki Klett Leibniz
May vom Stein Lawrence Irving
Petalozzi Knigge
Platon Kafka
Sachs Poe Pückler Michelangelo Kock Korolenko
Liebermann
de Sade Praetorius Mistral Zetkin

Der Verlag tredition aus Hamburg veröffentlicht in der Reihe **TREDITION CLASSICS** Werke aus mehr als zwei Jahrtausenden. Diese waren zu einem Großteil vergriffen oder nur noch antiquarisch erhältlich.

Symbolfigur für **TREDITION CLASSICS** ist Johannes Gutenberg (1400 — 1468), der Erfinder des Buchdrucks mit Metalllettern und der Druckerpresse.

Mit der Buchreihe **TREDITION CLASSICS** verfolgt tredition das Ziel, tausende Klassiker der Weltliteratur verschiedener Sprachen wieder als gedruckte Bücher aufzulegen – und das weltweit!

Die Buchreihe dient zur Bewahrung der Literatur und Förderung der Kultur. Sie trägt so dazu bei, dass viele tausend Werke nicht in Vergessenheit geraten.

Johann Heinrich Voß

Wie ward Fritz Stolberg ein Unfreier?

beantwortet von Johann Heinrich Voß

Dumm machen lassen wir uns nicht!
Wir wissen, daß wir's werden sollen.
Gleim.

Allerdings, Freund, wird es ernsthafter mit den Lockungen der römischen Hierarchie. Was wir mit unserem Griesbach manchmal als flüchtige Modesucht, als ansteckenden Pips unter verdumpften Zärtlingen, die an ungewohnter Heitere sich verschnupft hatten, mitleidig belächelten, das kann, wenn nicht Einhalt geschieht, zu einer hartnäckigen Seuche sich verschlimmern, zu einer hinraffenden Geistespest. Das römische Pfaffentum verbindet sich mit dem Rittertum, beide mit feilen Schriftstellern, um die Roheit des Mittelalters zu erneun. Herrscher, die man der Vorzeit so unkundig achtet wie der jetzt regsamen Zeit, täuschte man gern durch Einraunungen, ihr und der Völker Heil von der Seite zu erwarten, woher grade die Gefahr droht. Römlinge in allerlei Form schlängeln umher, zischend und Gift spritzend: ein Graun, nicht uns Evangelischen allein, sondern auch unseren katholischen, nicht mehr unduldsam verketzernden, Glaubensbrüdern. Mißlingen wird der Plan der neueren Hildebrande gewiß; denn Arglist ist nicht Klugheit. Die begeisterte Feier der großen Anstrengung, die vor dreihundert Jahren uns evangelische Freiheit errang, ist Bürgschaft genug, wir werden nicht leichtsinnig unter das Joch der römischen Willkür zurückkehren. Aber viel Böses kann im einzelnen geschehn. Wem Gott Einsicht und ein Herz verlieh, der warne, der eifere, der beschwöre.

Der Verfasser des mir mitgeteilten Schreibens hat die neuesten Religionsgärungen in Holstein sehr richtig für eine Fortsetzung früherer, durch einen adeligen Bund erkünstelter Unruhen erklärt. Die Triebfedern dieser früheren Unruhen kenn ich genauer als er, vielleicht genauer als einer der jetzt lebenden Wahrheitsfreunde; aber ich scheute die unheitere Erinnerung. Ein wahrheitsforschender Besuch hat, wie eine Engelerscheinung, mich erweckt, einen Lichtstrahl zu werfen in das unheilbrütende Geheimnis. Achtzehn Jahre lang schwieg ich, mit dem Vorsatz, immer zu schweigen; auch nachdem der Graf Stolberg meine treue Warnung bei seinem unbesonnenen Übertritt, in der Vorrede seiner Religionsgeschichte S. XVIII, so erwidert hatte. Nicht länger darf Wehmut um einen Jugendfreund mich überwältigen; da er, mit Selbstberuhigung nicht vergnügt, uns anderen Ruh und Glückseligkeit zu verkümmern fortfährt und in dem jüngsten Aufsatz »Über den Zeitgeist« sein rastloses Streben für hierarchische und aristokratische Zwangherrschaft unverhohlen bekennt. Zeugen muß ich und will ich, ein Greis gegen den Greis, eingedenk, daß wir bald jenseits, wo kein Ritter noch Pfaff schaltet, den Gebrauch der anvertrauten Talente verantworten müssen. Nicht frank und getrost für die Wahrheit gezeugt zu haben, wäre das erste, was ich nach dem Erwachen aus dem letzten Schlummer zu bereun hätte.

Wie ein Mann von Friedrich Leopold Stolbergs Geiste, der Sohn streng evangelischer Eltern, erwachsen im lehrreichen und heiteren Umgang mit dem Hofprediger Joh. Andr. Cramer, dem Sänger Luthers und Melanchthons, mit dessen Hauslehrer Funk, den Magdeburg noch dankbar verehrt, mit des frommen Friedrichs des Fünften würdigem Staatsminister Bernstorff, mit dessen gleichsinnigem Neffen, dem zweiten Bernstorff, mit dem von beiden erkannten Klopstock und dessen jüngeren Freunden Gerstenberg, Preißler, Schönborn, Sturz, Munter, Resewitz – wie ein solcher im fünfzigsten Jahre vermocht habe, den Glauben der Väter, der Jugendpfleger und der nachmaligen Jugendfreunde, seiner Mitbegeisterten für Luthers unsterbliches Verdienst, den zu verleugnen und aus dem Lichte des geläuterten Evangeliums in die Nacht Hildebrandischer Verunreinigung überzugehn, aus freier Kindschaft sich zur unwürdigsten Sklaverei zu erniedrigen? Diese Frage hab ich seit achtzehn Jahren oft abgelehnt, oft flüchtig beantwortet. Zur genügenden

Antwort ist unvermeidlich eine aufrichtige Darstellung, welcher Art Stolbergs Geist sei und wie ein so gearteter Geist auf seinem allmählichen Fortgange zu dem befremdenden Ziele gedacht und gehandelt habe. Das, und nichts, was seitab liegt, will ich mit redlichem Herzen aussagen. Stolberg, der nie in sein Inneres sah, wird auffahren bei dem Bilde, das ich ihm zeigen muß. Sei es ihm ein Gesicht von Gott; und erheb er sich zu dem Entschluß, noch hier wieder gutzumachen, was er kann!

In F. L. Stolbergs Seele ist die Urteilskraft untergeordnet dem Gefühl, beide dem Witz und der Phantasie. So erkennt ihn jeder im lebhafteren Gespräch und im zufahrenden Parteinehmen. So zeigt ihn jede Schrift, wo er abhandeln will, von seinem frühesten »Brief über Lavater« bis zu seiner »Religionsgeschichte« und dem, was ihm »über den Zeitgeist« dünkt; so schon der Anfang seiner »Reisebeschreibung«, wo der Rhein bei Düsseldorf, obgleich schmal und nicht sonderlich schön, den Vorzug erhält vor Hamburgs Elbe, die mit ihren Schönheiten sich zu breit mache. Oft hat St. gutmütig gelächelt, wenn ich auf ihn, der das Einfachste nicht begriff, Platons Wort anwandte: »Den Dichtern nimmt der Gott ihren Verstand und gebraucht sie zu Dienern, wie Wahrsager und heilige Propheten; damit wir sie hörend erkennen, daß nicht sie es sein, die reden so Köstliches, da sie keinen Verstand haben, sondern daß der Gott selbst der Redende sei und durch sie töne zu uns.«

Das Christentum, in welchem die Stolbergischen Kinder aufwuchsen, war Baumgartensche oder noch ältere Rechtgläubigkeit, in Gedächtnis und Phantasie aufgefaßt und für das Herz Andachtsübungen nach pietistischer Art, soweit sie der vornehme Ton zuließ. Ihr Hauslehrer war ein gutherziger, schwacher Mann. Forscht in der Schrift! ward nicht geübt, sondern: findet in der Schrift, was die Dogmatik vorschreibt.

Bernstorff hatte so viele Deutsche nach Kopenhagen gebracht, daß die Dänen sich gekränkt fühlten; durch häufige Reibungen entbrannte der noch fortlodernde Haß, der auf alles, was deutsch heißt, überschlug. Im Kampfe der Parteien gewöhnte sich Friedrich Leopold früh an ein hohes Wir, das Anhänglichkeit foderte und gegenüber nur Gemeines und Verächtliches erkannte. So entstand jenes Gemisch vornehmer, sich einander verklärender Gefühle, die bald in lyrischem Tone laut wurden: Ich bin ein Deutscher! Ich ein Graf! ein Stolberg aus mythischem Altertum! ein Muttersproß vom alternden Castell! Ahnherr künftiger Freiheitshelden! ein mehr als gräfliches Genie! ein gottbegeisterter Poet! ein rechtgläubiger Christ! Daher das Titelkupfer vor den Gedichten der ritterlichen Stolberge, zwei Bergkentauren mit strebendem Schweif von der Höhe trabend. Daher Aussprüche, wie im M[usen] Alm[anach] für 1785: »Zu der Himmelsleiter der Weisheit klimmt der Gelehrte purzelnd hinan, indes dem Dichter, der unten wie Jakob träumt, die Engel höhere Erkenntnis herabbringen.«

Als Zwanzigjähriger ward St. uns Freunden in Göttingen wert durch aufstrebenden Geist und Biedersinn. Beide Brüder, Fritz und der ältere Christian, traten dem Bunde bei, wovon in »Höltys Leben« geredet wird. Gleichwohl kamen sie uns weniger nah als Jünglingen ihres Standes, vorzüglich den Grafen Cai und Friedrich von Reventlow und dem Baron Haugwitz, der später als Graf in Berlin sich bekannt gemacht. Sie besuchten unsere wechselnden Versammlungen und waren dann rein menschlich; bei ihnen wurden wir ein- oder zweimal zum Tee geladen, wo das rein Menschliche vermißt ward. Einer von uns meinte, der ältere sei weniger adelstolz, weil er seine Verse bloß Christian Stolberg unterschrieb; ich behauptete, der jüngere sei's, denn der denke bei Graf nichts weiter als einen Teil des Namens.

Aus Klopstocks Umgange brachten sie, vorzüglich Friedrich Leopold, eine schwärmerische Liebe für Freiheit mit. Im Vertraun, daß sie gefaßt hätten, was Vernunftrecht und was Schwertrecht sei, widmete Klopstock ihnen im Jahre 1773 die Weissagung:

> Frei, o Deutschland,
> Wirst du dereinst! Ein Jahrhundert nur noch;
> So ist es geschehen, so herrscht
> Der Vernunft Recht vor dem Schwertrecht.

Der Dichter will wohlgeordnete Verfassung unter gesetzlicher Obrigkeit und verabscheuet Willkür der Gewalt. Aber die Stolberge dachten sich bei Vernunftrecht zunächst adliges Vorrecht, ehmals mit dem Schwert erkämpft, jetzt vernunftmäßig. Sie wollten nicht gleiches Gesetz und Recht, sondern was damals in Polen und vor

1772 in Schweden Freiheit hieß[1] : Beschränkung der Obermacht durch Geburtsadel, Freiheiten der vornehmen Geschlechter, Oligarchie. Sie für ihre Person wollten dann gegen das Volk recht gnädig sein. Indes, durch den Laut Freiheit entflammt, glühten sie auch für die sämtlichen Schweizerkantone, ja später für des unadligen Amerikas Freiheit, verehrten Franklin und Washington, jubelten über den Anfang der französischen Umwandlung. Als aber die Vorrechte schwanden, verlor Graf Friedrich Leopold zuerst, und bald auch Graf Christian, allen Geschmack an Freiheit; Franklin und Washington fielen in Ungnade, selbst Milton ward widerlich, in der Schweiz glänzte Bern.

Von den sechziger Jahren an ward die herrschende Dogmatik, freier als zuvor, beleuchtet durch Kirchengeschichte, unbefangnere Kritik, hellere Kunde der biblischen Sprachen, Sitten und Vorstellungen. Man wagte mit Luthers Redlichkeit sich selbst und anderen zu gestehn: dieser und jener Glaubenssatz, worauf ewiges Heil ruhen soll, ward Jahrhunderte lang so oder so gedacht, bis in Priesterversammlungen Ausspruch der Mehrheit die eine Meinung gebot, die andere, vielleicht des Gelehrteren, des Frömmeren, die gestern noch erlaubt war, heute verwarf und verketzerte. Männer wie Spalding, Jerusalem, Zollikofer lehrten jetzt, nach Bibel und Vernunft, das einfachere, von fruchtlosen Vorwitzigkeiten entladene, herzerwärmende Christentum, welches Christus gegen die mosaischen Dogmatiker aufgestellt und in den letzten Jahrhunderten Johann Hus, Taulers Laienbruder, Geiler von Kaisersberg, Luther, Zwingli und andere geahnt hatten. Daß zu sanfter Verständigung der Weisen auch stürmischer Unverstand sich gesellte, war das gemeine Los alles Fortstrebens zum Besseren. Die Altgläubigen, die in dem mühsam erlernten System einmal festsaßen, eiferten sich, daß man ihnen noch Mühe des Nachlernens und, statt der dumpf träumenden, eine herzerhebende Andacht zumutete; die Herstellung der alten ursprünglichen Religion ward Neuerung genannt. Auch Lavater, ein geistreicher und gefühlvoller Mann, aber an theologischer Kenntnis arm, schwärmerisch und eitel, seufzte und empfindelte dagegen, weitwirkend durch Phantasien für den vorneh-

---

[1] Friedrich Leopold sang damals von Schwedens Gustav: Ob dort ein schlauer junger Octavius / Ein Volk bejoche, welchem noch Freiheit galt.

men Modegeschmack, mehr noch durch heimliche Zirkelbriefe, aus welchen eine unchristliche Anschwärzung öffentlich von dem jüngeren Spalding, seinem bisherigen Verehrer, gerügt ward.

Im Jahre 1775 war's, als bei dem vielgefeierten Lavater, der allen alles zu sein wußte, die Brüder Stolberg mit ihrem Haugwitz eine geraume Zeit verweilten. Drauf erschien im »Deutschen Museum« 1776 von Friedrich Leopold ein begeisterter Brief an Claudius, voll Posaunentons für den unvergleichbaren Lavater und dessen höfischen Posauner Zimmermann, gegen »die Schulweisen, die, ungehorsam dem Glauben, viel schwatzten von Menschenliebe«, ja gegen alle, die an Lavater Flecken sahn: so seicht und dünkelhaft, so aufsprudelnd und bombastisch, so schnöd und wegwerfend, daß nicht leicht gräfliche Anmaßung eines Vierundzwanzigjährigen ihn überbieten konnte. Lessing, der eben in Hamburg war, erkannte in dem frühzeitigen Genie – Wurmstich. Am Schlusse des Briefs wird das liebenswürdige Weibchen holdselig gegrüßt und Claudius selbst von beiden Brüdern umarmt. Kein Wörtchen für Voß, der in dem einsamen Wandsbek bei Claudius aus und ein ging, den aber, wie bald verlautete, Lavater schon an der gesetzten Hand als einen Vernunftmenschen erspäht hatte.

Jedes Wiedersehn war Erneuerung unserer Bundesfreundschaft. In Eutin, wohin ich im Jahr 1782 zog, wurden wir vertraulicher als je durch Stolbergs Gemahlin Agnes. Ein Gedicht an Stolberg vom J. 1794 gedenkt des Vergangenen:

> Sie hieß die Freundin Agnes hier;
> Dort heißt sie anders nun.
> Ach! sanft und ruhig sprachen wir!
> Man pflegt' auf ein Gespräch mit ihr,
> Wie selig schon, zu ruhn.

Diese Vertraulichkeit dauerte fort, da St. 1783 in das Herzogtum Oldenburg versetzt ward, in Briefwechsel und in seinen häufigen Besuchen. Auch über göttliche Dinge besprachen wir uns, bei verschiedenen Ansichten, mit Ruhe, mit Herzlichkeit, mit Erhebung. St. milderte seinen Groll gegen Vernunftschriften, da er Klopstock und Cramer, der jetzt Kanzler in Kiel war, unfruchtbaren Glaubensformeln so abhold wie der dumpfen Schwüle der Empfindler, im heiteren Lichte fortstreben sah; besonders nachdem, bei einem Besuch in Berlin, Spaldings Weisheit und warme Frömmigkeit seine Verehrung, seine Liebe gewonnen hatte.

Ein starker Beweis von Stolbergs damaliger Gesinnung ist folgendes. Uns Bundesfreunde hatte Schönborn, der im Jahr 1773 durch Göttingen als dänischer Konsul nach Algier ging, zur Freimaurerei beredet. Ich, im folgenden Jahr zu Hamburg von Klopstock und Busch, die ich um Rat fragte, nicht abgemahnt und durch Lessings gerühmten Vorgang sicher gemacht, ließ mich aufnehmen, mit der ausdrücklichen Bedingung: Geistesfreiheit! Die Sinnbilder der drei ersten Grade entzifferten wir uns, jeder seinen Neigungen gemäß. Als aber im Inneren die Sinnbildnerei sprechender ward, trat ich zurück und mied seitdem alle heimlichen Verbindungen. Die Brüder Stolberg hatte man früher in Berlin, mit Claudius zugleich, noch weiter geführt; mehr noch wußten sie durch Haugwitz. Den, sagte mir Friedrich Leopold, hatten in Venedig ein paar Geistliche besucht und als einen lange Beobachteten geweiht zu höherer Erkenntnis. Zu warnen vor den heimlichen Beobachtern aus Italien, wollten wir drei öffentlich uns lossagen, wenn der Landesgroßmeister uns begleitete; der aber ward nicht durch unsere Briefe, sondern später durch eigene Wahrnehmungen von der pfäffischen Heimtücke überzeugt. Nicht so Claudius. In einem Gespräche gab er mir Ausartung zu; doch *eine* Loge sei rein. »Sie meinen die«, sagte ich, »zu welcher Ihr Freund Haugwitz gehört. Wissen Sie denn, daß der seine Weihe von Klerikern in Venedig empfing?« Claudius stutzte, spottete und ging seitdem seinen eigenen Weg. Dies geschah in den Jahren, da viel von geheimen Obern und Jesuiten gesprochen ward und von dem Oberhofprediger Stark, der, wie sehr ihn Feinde der berlinischen Ankläger verteidigten, jetzt in katholisch geweihter Erde – ruht. Bald nachher entstand in Berlin das nach Wöllner benannte Unwesen, welches den Greis Spalding sein Amt niederzulegen bewog.

So blieb in den achtziger Jahren, bei seltenen Störungen, mein Verkehr mit Stolberg. Abweichende Meinungen in Wissenschaft, Dichtkunst und Religion ertrugen wir gegenseitig. Er begriff, daß mir an Lavater mancher Kasparstreich, wie sein Glaube an Pater Gaßner, sein Mißbrauch des tierischen Magnetismus, sein pfäffisches Einherprangen, sein Anpreisen katholischer Zeremonien bei seinem Haß gegen evangelische Denkfreiheit, nicht gefallen konnte. Ich dagegen nahm es für Rüge der Übertreibung, als Stolberg das Zimmermannische Wort »Jesuitenriecherei« nachzusprechen begann. So blieb es auch, nachdem im Herbst 1788 Agnes, der Friedensengel, zu den Engeln geschieden war.

Frankreich, durch bevorrechteten Adel in Verderben gestürzt, erhub sich und foderte Abstellung der Willkür, gute Haushaltung und gleiches Gesetz. Im Sommer 1789 besuchte ich Klopstock in seinem Gartenhause vor Hamburg. Voll der großen Begebenheit, begleitete er mich zum Dammtore zurück. Hier stand er still und sprach mit prophetischer Erhabenheit: »Großes ist geschehn für Gesetzlichkeit der Obermacht. Aber Größeres steht bevor: Kampf der Patrizier und der Plebejer durch Europa. Die Fürsten im Dunstkreise der Patrizier werden verkehrt sehn und verkehrt handeln, nach vielem Elend wird Vernunftrecht walten vor dem Schwertrecht; aber wir beide erleben es nicht.« So sprach er und wandte sich plötzlich mit gesenktem Haupt.

Nach Agnes' Tode trat Fr. Leopold in den dänischen Dienst und ging als Gesandter nach Berlin. Vorher im März 1789, nachdem Ludwig XVI. die drei Stände berufen hatte, kam er nach Eutin zum Besuch. Froh sprach er von der Beschränkung des Throns; und als mich die ungleichen Wünsche der drei Stände besorgt machten, warf er mir zaghafte Kälte vor mit Ereiferung. Aus Berlin am 21. Julius, nach vereinigter Nationalversammlung und begonnenem Konstitutionsplan, schrieb er mir jubelnd über die Morgenröte der Freiheit und am 30. Julius über den hellen Tag, nachdem er die Stürmung der Bastille, die Errichtung der Nationalgarde, die Entfernung der Truppen und die ersten Ermordungen vernommen hatte. Aber sobald man am 4. August die Lehnrechte und Privilegien des Adels aufhob, erkaltete Friedrich Leopold.

Graf Christian und seine Gemahlin äußerten mir noch im Herbst ihre Freude, wie die alten Stammbäume so ruhig und still aufflammten in der Freiheitsglut, indes das junge Holz knatterte und sprühte. Sie beklagten die Laulichkeit des Bruders Fritz und fürchteten Einwirkung der berlinischen Hofluft, die damals sehr dumpfig war. Mir selbst fiel es auf, daß Friedrich Leopold seit jenem Jubel mir nichts von seinen Empfindungen über den hellen Tag der Freiheit mitteilte; auch daß, obgleich er Spaldings mit alter Ehrfurcht erwähnte, er doch kein bedauerndes Wort von dessen Beunruhigung hinzufügte; noch weit mehr, daß er nach seiner Zurückkunft aus Berlin über Haugwitz, den Geweiheten der ingeheim beobachtenden Kleriker, und über alles, was ihm anhaftete, sich zu äußern mied.

Gegen den Herbst 1790 ging Fr. Leopold mit seiner in Berlin gefundenen Gemahlin Sophia nach Dänemark; den folgenden Winter verlebten sie in Emkendorf unweit Kiel, bei dem Grafen Friedrich von Reventlow und dessen Gemahlin Julia, einer Tochter des reichen Kaufmanns Schimmelmann, der durch Finanzgaben zum Baron und dann zum Grafen gestiegen war. Beide ragten in der Gegend hervor: der Gemahl an geschliffener Weltklugheit und üppigem Witz, die Gemahlin an empfänglichem Geist und bis zur Kränklichkeit zartem Gefühl; er streng haltend auf Vorrechte der Geburt, sie des ererbten Katechismus und daher die fromme, auch wohl der Engel Julia genannt. Reich und gefühlvoll und fromm und kinderlos, sorgte sie für ihre Gutsangehörigen, das ist Leibeigenen, durch leiblichen Trost und durch den geistlichen eines selbstgeschriebenen Lehrbüchleins. Dennoch gelang mir's nicht, ihr Herz mit rührenden Briefen zu einem segensreichen Beispiele der Freilassung zu bewegen; die Leute sein noch nicht reif, hieß es, bis kurz darauf der öffentliche Unwille die Reife beschleunigte. Aus diesem Sitze des politischen und des frommen Eifers für Hergebrachtes schrieb mir Stolberg im Dezember 1790, in Frankreich gehe es schlecht; er sehe dort nichts als »Leutlein mit kleinlichen Leidenschaften«. Man weiß, daß damals hellsehende Männer ohne kleinliche Leidenschaft noch sehr auf Gemeinwohl hofften, welches, man weiß auch woran, scheiterte.

Was jetzt in Emkendorf für rechtgläubige Politik und Religion waltete, zeigt Stolbergs Gedicht an den Baron Hompesch aus Düsseldorf, im Musenalmanach für 1792. Hompesch hatte gegen den Kaiser Joseph dem ungrischen Adel, dessen Freiheiten beschränkt werden sollten, sich zugesellt, auch vorher, mein ich, in den Niederlanden gewirkt. Diesen Deutschen mit pannonischem Freiheitssäbel besingt Stolberg – verweist ihm aber, ein Protestant dem Katholiken, die Verkennung der deutschen Sprache voll deutsches Geistes, aus deren Donnerwolke der Held Luther, kühner als Franklin, den

13

erschütternden Blitz auf die sieben Hügel gelockt habe. Zugleich vertrauet er ihm, der Genius in der Wolke sinne darauf, mit neuer Erschütterung am gereiften Frevel die Seufzenden zu rächen. Seufzt unser Adel nach pannonischer Magnatenfreiheit, nie wird für eine so faule Sache der Sprachgenius Donner des Worts oder Gesangs erregen. Nur anschleichendem Geflister verschließt euer Ohr, ihr Volksväter.

Im Frühling 1791 wollte Friedrich Leopold als dänischer Gesandter nach Neapel gehn; bald zog er vor, in eutinische Dienste zurückzutreten als Präsident, mit Urlaub für eine Reise nach Italien. Was ihn zu dieser Reise bewog, war nicht der klassische Boden allein, sondern ein dunkles Sehnen nach dem Hauptsitz jener Religion, die, wie sein Brief an Lavater bekennt, ihm immer so ehrwürdig war, daß er bei Lesung des Liedes, worin Lavater deren Gebräuche pries, zu jeder Zeile sein herzliches Ja und Amen sagte. Diese von der Gräfin Sophie genährte Sehnsucht drängte sich gleich jenseits der Alpen vor; und bald büßten die lieben Alten ihr ruchloses Heidentum. Vor der Reise sprachen wir einst lebhaft vom alten Italien und Sizilien, ich auf und ab gehend, er in der Ecke sitzend. Als ich lebhafter mich kurz wandte, sah ich in Stolbergs Gesicht, was ich nie gesehn, ein Lächeln so schrecklicher Art, daß ich schauderte; meiner Frau nannt ich's ein wahnsinniges und stärker. Sein Geist war, während der Mund einstimmte, anders beschäftigt und freute sich der Täuschung. Im Sommer 1791 reiste St. ab, samt seiner Gemahlin, dem ältesten Sohn und Nicolovius; und früh im Jahr 1793 kamen sie zurück.

Stolberg ging über Münster zur Fürstin Gallitzin, deren Einladung, wie er mir sagte, er nicht wohl ablehnen könnte, da er doch bei dem Fürstbischof in Oldenburg sich beurlauben müßte. Woher seine Bekanntschaft mit dieser Dame, weiß ich nicht; denn von jeher hatte Stolberg, so offen mein Herz ihm war, in dem seinigen ein geheimes Verschloß. Nach seiner Reisebeschreibung scheint's, er kam nicht über Oldenburg, sondern geradezu über Osnabrück, wo er einen Vormittag mit Kleuker, dem »redlichen Denker«, und einen Abend mit Möser zubrachte. Auch diese Vertraulichkeit mit Kleuker, dem man in Göttingen als düsterem Kopf auswich, war mir ganz unbekannt. In Münster blieb er drittehalb Tage im Hause der Fürstin Gallitzin und ward entzückt von der »Freundin des Philosophen Hemsterhuis« (vorher Diderots), von dem »aufklärenden Staatsmann Fürstenberg«, von dem »weisen und, bei glühendem Eifer, milden Overberg« und mehreren gleich milden Geistlichen. Diese drei überraschten ihn noch bei Jacobi in Pempelfort mit einem Besuch auf drei Tage (die ihm unvergeßlich blieben). J. hat mir gesagt, er habe gestaunt über die Verwandlung der heiteren Philosophien, die jetzt durch Regen und Wind nach Düsseldorf in die Messe gewandert sei.

In Ulm veranlaßte Stolberg bei unserem Bundesbruder Miller ein merkwürdiges Mißverständnis. Gleich nach seiner Abreise von dort schrieb M. mir einen herzlichen Ermahnungsbrief wegen meiner »verfluchten Intoleranz«, worüber St. geklagt habe. Ich wunderte mich; und es kam heraus, über meine »verfluchte Toleranz« hatt er geklagt, weil ich seinen Verfluchungen nicht beistimmte; das hatte der sanftmütige Miller verhört.

Aus Konstanz schreibt St. mit noch ungefälschtem Gefühl von der treulosen Verbrennung des »edlen Johann Hus« und des »gleich heldenmütigen Hieronymus«, und wie ebendaselbst Luthers »geläuterte Religion« zwei Jahre nach seiner Bekämpfung des Ablasses gelehrt worden sei. Beides sehr gegen den Sinn seiner verehrten Fürstin, die bald, wie man hören wird, den Schleier der milden Duldsamkeit ablegte.

Schon in Turin jauchzt er dem Meer entgegen, das Israels geweihtes Erbe anspült, wo die Sonne der Wahrheit und der Liebe aufging, zwar oft verdunkelt durch Erddünste, aber fortleuchtend bis zum Ende der Welt. Noch schienen ihm wohl die Erddünste von Rom aufgestiegen und zerstreut durch Hus, Luther, Zwingli und ähnliche. Als er aber am Weihnachtstage den Papst in der Peterskirche das Hochamt halten sah; als der schöne Greis die heilige Handlung mit Würde und Grazie verrichtete, bei schmelzender Musik, von gigantischen Schweizern in alter Rüstung umringt (welches wirklich, sagt Stolberg, etwas zum Feierlichen des Ganzen beiträgt); als er sitzend auf hohem Throne, Wache zu beiden Seiten, hinten zwei Männer mit Pfauenwedeln, die Kardinale voran, aus der Kirche getragen ward und das kniende Volk segnete: wie verlor sich die altevangelische Einfalt im Gedränge der hierarchischen Herrlichkeit! Der Pomp des römischen Gottesdienstes schmeichelte sich ihm je länger je mehr durch die Phantasie in das Herz. Umsonst schreckte die verbreitete Sittenlosigkeit ihn zurück; selbst der empörende Aberglaube, durch leichte Büßungen werde sogar Blutschuld abgebüßt, schien ihm nur »Mißverstand der katholischen Religion«. Den wahren Verstand, wie sein Herz ihn wünschte, hatten ihm schon die Münsterer eingeschwatzt. Mit solcher im Halbtraum schmachtenden Vorliebe für aristokratische Hierarchie beobachtete und beschrieb Stolberg Italien und Sizilien, den Verfall dieser Segenslande durch Pfaffen und Barone verschweigend oder beschönigend. Aus den alten Freistaaten, wo die Menschheit blühete, werden Greuel gehäuft als Wirkungen des Heidentums; da doch kein Heidentum so entmenschend war wie das römische Sankt-Petertum. Jedes Streben aus geistlicher und weltlicher Zwangherrschaft, jede Erleichterung des Jochs, wird mißlich genannt, ja frevelhaft; und das mit dem bittersten Grimm wie gegen Verworfene. In Neapel trafen ihn zwei Herren von Drost aus Münster, deren einer jetzt als Weihbischof für den römischen Hof eifert; sie kamen in Palermo ihm nach und begleiteten ihn durch Sizilien und, wie es scheint (denn sie werden nur beiläufig erwähnt), durch Italien zurück. In Wien verweilte er sieben Wochen mit Vornehmen, die, Josephs gemeinnützigen Anordnungen abgeneigt, sich der Hierarchie anschlossen. Von den Dichtern und Gelehrten fand er keinen bemerkenswert als den Abt Denis, der in seinen »Lesefrüchten« ein vollkommener Jesuit ist. Als ich im Jahr 1796 für das aristokratische Wort »Illuminat« Beweis foderte, berief er sich zuletzt auf wienischer Ehrenmänner, die er nicht nennen dürfte, mündliche Versicherung. Wahrscheinlich meinte er die Anhetzer der drei berüchtigten H., in deren Gebell die »Eudämonia« einstimmte.

Stolbergs auf der Reise gedichteter »Lobgesang« im Musenalmanach für 1793 enthält den Wunsch, daß Gott alle von Sonn und Mond erleuchteten Völker auch mit der Religion der Liebe, das ist der christlichen, erleuchte. Er singt:

> Noch tappen ganze Nationen,
> Du Quell des Lichts, in Dunkelheit.
> Uns, die in deinem Lichte wohnen,
> Umzieht die Wolke böser Zeit.

Aus dieser Umwölkung sehnt er sich zum helleren Tageslicht, wie die zerstreuten Israeliten nach Kanaan. Der erleuchteten Gallitzin nicht mehr rätselhaft!

Als Stolberg gegen den Frühling 1793 zurückkehrte, kannten wir unseren alten Freund nicht mehr. Eine für Eutin prunkende Einrichtung, Überfluß von Bedienten des Hauses und des Stalls, von Kutschpferden und von Reitpferden, Verschwendung in Küch und Keller, an der Tafel vornehme Steifheit und Mißlaune. Wie ungleich den traulichen Agnesschmäusen, da noch ein Pfannkuchen mit Lauch was bedeutete! da noch neben Scherzen ein Schwank sich ausnahm! da wir uns homerischen Kykeon mischten: Stolberg nach dem Buchstaben, aus Rotwein, Honig, Mehl und geriebenem Käse, welcher Misch, durcheinandergerührt, ihm und Kätchen antik schmeckte; ich nach dem Geist, griechischen Honig und Blume des Mehls übersetzend in zerkrümelte Zuckerplätzchen und dafür gelobt von Agnes und Ernestine, die den geraspelten Käse im Glase zurückließen. Auch in unserem Hause ward die manchmal sich hervorwagende Fröhlichkeit immer schüchterner. Stolbergs Erzählungen aus Italien hatten Lücken, wie von geheimer Zensur. Gespräche über längst Abgesprochenes wurden durch Anstöße eingeengt; ruhige Erörterung, freundliche Lösung des Mißverständnisses, wahrheitdurstige Ausgleichung mit gegenseitigem Wohlwollen fand sich seltener ein. Mein Freund war ein anfahrender Gebieter und achtete es klein, die erprobte Redlichkeit zu kränken, zu beleidigen, wohlmeinende Vorstellungen von zeitlichem und ewigem Heil in bösartige zu entstellen und zu verketzern.

Einst, nach langer Scheu, sagte ich meiner Frau: »Heute mittag will ich bei Stolberg essen; ich fühle mich so durchaus heiter, daß nichts in der Welt mich trüben kann.« Auf dem Schloßhofe, nahe vor seiner Wohnung, begegnete mir St. mit Nicolovius, aus dem Schloßgarten kommend, im Gespräch über den Druck seiner Reise. »Wie haben Sie's in Sizilien gefunden?« fragte ich in Beziehung auf Theokrit, über dessen Hirtennatur ich ihm Aufträge gegeben hatte. Er mit feierlichem Gesicht: »Ich versteh Ihre Frage; aber, von der ewigen Seligkeit nicht zu reden, will ich nur den irdischen Zustand, wie er vor alters war und wie er jetzo ist, kurz angeben.« Und nun eine unaufhaltsame Belehrung von dem gräßlichen Ehemals und dem erwünschten Jetzo, während welcher ich langsam zurückschlenderte und, ungefragt um den Zweck meines Gangs, von dem Belehrenden bis an die Linden meiner Haustüre begleitet ward.

In jener Zeit über den Adel mit Adligen zu reden, vermied man gern. Die Meinung ruhig erwägender Männer war: Die geschlossene Zunft des Adels ist sowohl durch Altertum ehrenhaft als durch Tugenden, wenn nicht der Stammväter (die kennt man nicht), doch einzelner Sprößlinge; strebt der Adel nach der Ehre, für unsere Zeit vorzüglich edel zu sein an Geist, Gemeinsinn und Tüchtigkeit, so wird er wohltätig für Fürsten und Volk und bleibt mächtig durch alten Ruf und Zusammenhang; trotzt er aber auf das Vorrecht angeborener Tauglichkeit, will er dem Staatskörper nicht mehren die Kraft, sondern entziehn, so ist er ein fremdartiges Gewächs, das, wenn es sich nicht verteilen läßt, den Schnitt fodert. Erbittert durch solche Ansichten, die im Jahr 1792 mein »Gesang der Neufranken für Gesetz und König« aussprach, trug Stolberg mir seine Galle zu und behauptete, *der Adel sei ein edlerer Menschenstamm von eigenem Ehrgefühl, erhaben über die niedrige Denkart der Unadligen und dadurch zu Vorzügen berechtigt.* »Wer, Teufel!« rief er, »kann uns nehmen, was unser ist?« – »Wer's euch gab«, sagte ich, »die Meinung.« Im Weggehn rief er durch die halboffene Türe zurück: »Verzeihn Sie mir meinen Schuh, ich verzeih Ihnen den Barfuß.« Den fliehenden Parther sucht ich heim mit den Distichen:

Edlere nennst du die Söhne Gewappneter, die in der Vorzeit
    Tugend des Doggen vielleicht adelte oder des Wolfs?
Was dich erhob vom Adel, die edlere Menschlichkeit, schmähn sie
    Als unadligen Tand. Nenne sie Adlige, Freund.

Drauf im Sommer zu Meldorf stellt ich den »Junker Kord« als ländliches Bild des menschenverachtenden Geschlechts, über dessen Roheit sich zu erheben ein Stolberg und mancher der Edleren würdig war. Die Höflinge hatte Stolberg zehn Jahre früher in den Jamben als *Ungeziefer* gestraft, »das am faulenden Staate zehrt«.

Welcher Stand war's in Deutschland, der zuerst, von rohen Befehdungen gezwackt, sich aufrang zu Ordnung und Gesetz durch Gewerbsamkeit, durch Kunst und veredelnde Wissenschaft? Und welches Standes sind die, welche noch jetzt nach dem Marke des Landes lüstern, als geborene Lenker des Staats und der Kriegsmacht sich vordrängen den Tüchtigen? welche, sich selbst entfremdend, in ausländischer Üppigkeit das Volk aussaugen und ihr Kauderwelsch als Herrensprache, unser Deutsch als Sprache der Dienstbarkeit behandeln? welche, damit Stellen genug sein für die Ihrigen, dem Volk ungeheure Hofhaltungen, Marställe, Jagden, Kriegsheere aufbürden und die nötigen Ämter der Volkspflege durch Mangel und Herabwürdigung verkümmern? Forscht in Frankreich, in England, Amerika, welcherlei deutsche Namen man dort achtet und welches Geschlecht ihnen lächerlich ist in seiner barbarischen Unwissenheit und Anmaßung. Woher denn kommt alle Macht und Ehre des Staats? und woher der Verfall?

Die Unbegreiflichen, in deren Köpfe man sich kaum hineindenken kann! Diese Ansprüche auf Staatswürden ohne Geschick, diese Gier nach Gemeingut, wozu sie nicht beitragen, diesen Dünkel auf Ahnherrn, die keiner kennt, nennen sie erhabenes, ihrem Geschlecht eigenes Ehrgefühl. Solches Ehrgefühl rühmte sich, als Warmgeschuheter auf den barfüßigen Freund herabblickend, der Graf Stolberg. Und das in Tagen, wo neuer Adel gleich Pilzen aufschoß; wo der Wucherer, der Kriecher, der Hebräer, wo jeder für sein Geld Stammherr fortaltender Geschlechter ward; wo selbst ein ausländischer, mit entehrender Strafe gezeichneter Edelmann unter die deutschen Reichsgrafen drang und kein Reichsgraf dagegen murrte! Klopstock sagte mir einst: »Der Adel spricht eine moralische Erbschaft an; er muß also mit den etwanigen Tugenden der Ahnherrn auch die sämtliche Schuldenlast ihrer Untugenden übernehmen, von den Vorzeiten der rohen Kraft herab bis zu den neuesten der rohen Untüchtigkeit. Wen schauert nicht vor einem mit so überschwenglicher Schuld belasteten Erbnehmer!« Die Ausführung bestimmte Kl. für eine Ode, die sich wahrscheinlich verloren hat.

Nun ward das dämmernde Gefühl mir klar, warum ich von jeher Scheu hatte, mit Stolberg in vornehmer Gesellschaft zu sein; woher die Mischung von Demut gegen Höhere, von flatterndem Witz gegen Gleiche, von Leutseligkeit gegen den – Gelehrten. Nun begriff ich, wie es möglich war, daß mein sonst herzlicher Freund, wann ihm die Laune kam, in scheinbar freundlichem Gedankenwechsel sich plötzlich herrische Entscheidungen verstattete oder gar ein Zulächeln mit einer ihm eigentümlichen Gebärde des Hohns. Das tat nicht Maecenas oder Messala seinem Horaz, dem Sohn eines

Freigelassenen; denn in Rom war man urban, nicht auf chinesische Art höflich. Gewiß anders als Stolberg mit Voß lebte Kleist mit Lessing und Gleim; gewiß anders Hagedorn, dem sein Dresdener Bruder den vergessenen Adel einschärfte, mit den Freunden in Hamburg, wo den Ritter nicht nur der Reiche, sondern jeder Gebildete für das nimmt, was er ist, nicht was er seinen Ahnherren gewesen zu sein anfabelt. Wohl dem, der mit Claudius singen darf:

> Mein Vater war ein edler Mann;
> Ich bin es auch!

Welcher Edle von Adel möchte dafür anstimmen:

> Mein Vater war ein Edelmann;
> Ich bin es auch!

Der *Adelig-Edlen* finden sich wohl überall, auch wo noch Leibeigenschaft ist. Aber, was jetzt dem Gemeinwohl not tut, *Edel-Adlige* drängen sich zu sparsam aus dem Dickicht der Stammbäume hervor. Selbst einem Fritz Stolberg dünkt adliger Bürgersinn Ausartung vom Rittergeist. Aber nicht törichter als er trachtete der Held von Mancha, die Schatten der abenteuerlichen Paladine und ein abgestorbenes Faustrecht zu erwecken.

Im Julius 1793 kam Lavater von Kopenhagen durch Eutin, während ich, ihm ausweichend, in Meldorf war. Er selbst hatte sich gerühmt, zu einem wichtigen Geschäft eingeladen zu sein; und Bernstorffs Eifer, die Kirchengebräuche zu verbessern (der ihn später sogar nach den Anordnungen der Theophilanthropen in Paris sich zu erkundigen bewog), machte das Gerücht glaublich. Nachdem Lavater sich gezeigt hatte, hieß es, nicht Bernstorff, sondern dessen Gemahlin Augusta Stolberg, habe den Besuch veranlaßt. Wie auf der ganzen Reise, und sieben Jahre vorher auf der bremischen, zeigte er sich auch in Eutin. Seine Gespräche mit Stolberg über Glauben und Unglauben waren gewiß freundlich für zwanggläubiges Pfaffentum, feindselig gegen vernunftgläubiges Christentum.

Aber der Dämon, der damals den armen Stolberg, und durch ihn seinen Freund, noch am meisten beunruhigte, war jener durch Frankreichs Umwandlung geweckte oder erbitterte Ahnenstolz.

Wer Erbverdienst und erbliche Vorrechte für einen wohlgeordneten Staat schädlich fand, der hieß ein Jakobiner, der sollte die anwachsenden Greuel in Paris verantworten. Aufrührerisch war's zu denken:

> Heiliger Gesetze Bürger
> Sind ja nicht notwendig Würger.
> Was die Vorwelt sah,
> Sieht Amerika.

Nach unserer Zurückkunft aus Meldorf lud uns Stolberg zum Abendessen. Ich saß in der Ecke neben Bernstorffs ältestem Sohne Christian, jetzt preußischem Staatsminister, und fragte gleichgültig, ob, wie es hieß, ein französischer Gesandter nach Kopenhagen käme. Die Antwort vernahm ich nicht; denn der lauschende Wirt fuhr auf und beleidigte mich so, daß wir weggingen als Geschiedene. Den anderen Morgen kam St. reuig; es erfolgte Aussöhnung und Ruhe für einige Zeit. Seine Schwiegerin, die Gräfin Luise, betrachtete ihn als gemütskrank und bat mich um Nachsicht und Freundespflege.

Im August 1793 gab die Fürstin Gallitzin ihrem Bruder Leo (so nannte sie ihn, und du) den Gegenbesuch auf mehrere Wochen; mit ihr kam ihre Tochter und eine jüngere Nichte, der geistliche Herr Overberg und zur Bedeckung noch zwei Männer, deren einer die Nichte in Kenntnissen, der andere Stolbergs Kinder in Leibesübungen unterwies. Die Fürstin, eine zurückgezogene Weltdame mit noch reizendem Gesicht, erschien geistreich, heiter, unbefangen, gefühlvoll für alles Schöne und Gute, wohlwollend und entschuldigend. Overberg, ein Bild altdeutscher Redlichkeit, war bescheidener Zuhörer und anziehender Kinderfreund; der »glühende Eifer«, den St. unter der Milde bemerkt hatte, blieb uns anderen verdeckt. Meine Hochachtung für beide ward erhöht durch ein Buch für Volksschulen, welches sie, unter Fürstenbergs Mitwirkung, verfaßt hatten, voll Wärme für die heilbringenden Lehren des Christentums und rein von Verdammungssucht: ein wahrhaft christkatholisches Buch, dem der protestantische Mitbruder bis auf einzelne, für den Zweck der gemeinsamen Religion unerhebliche Meinungen von Herzen beistimmen konnte.

Noch viel war übrig vom echten Stolberg; die klugen Einimpfer ließen dem edlen Stamm noch einige Zugreiser ungekappt. St. bewog mich einst, den Spruch des Tragikers Agathon mitzuteilen:

> Drei Lehren faß ein Herrscher wohl ins Herz.
> Die eine: daß er über Menschen herrscht;
> Die andre: daß er nach Gesetzen herrscht;
> Die dritte: daß er nicht auf immer herrscht.

Man ward gerührt, man verlangte den Spruch wiederholt, man lernte auswendig. Der edle Grieche! war *ein* Gefühl, und keine Andeutung von Heidentum. Eines Abends aß bei uns die Stolbergische Versammlung, mit Büsch aus Hamburg, Ebert aus Braunschweig und dem Kapellmeister Reichardt. Nach Tische erzwang R. meine Einwilligung, ein zum Komponieren empfangenes Lied vorzulesen, den »Gesang der Deutschen«. Mit Nachdruck las er:

> Vernunft, durch Willkür erst befehdet,
> Doch kühn und kühner, singt und redet
> Von Menschenrecht, von Bürgerbund,
> Von aller Satzung Zweck und Grund.

Nachdrücklicher:

> Nicht mehr verfolgt wird Lehr und Meinung,
> Nicht gilt für Gottesdienst *ein* Brauch;
> Nur Lieb ist aller Kirchen Einung,
> Der Tempel und Moscheen auch.

Und:

> Nur Tugend, nicht Geburt, gibt Würde;
> Verteilt nach Kraft ist Amt und Bürde.

Dem Beifall von Ebert und Büsch folgte ein allgemeiner und besonderer Dank von Stolberg, der Fürstin und Overberg.

Allmählich blickte durch die Offenheit der Fürstin etwas Hinterhältiges hervor. Sie hatte mir lang eine vertrauliche Unterredung, ein tête à tête, angekündiget, wozu es doch nie kommen wollte, obgleich sie alle Morgen an meinem Seeufer in die Badwanne stieg. Endlich bestellte sie sich ein Frühstück mit uns allein in meinem Studierstübchen. Kaum hatte bei dem Kaffee eine Art von Gespräch begonnen, so stürmte der ganze Schwarm der Stolberge und der Münsterer in den anstoßenden Saal. Dazu das Schautragen der Zeremonien: alle Freitage nach Lübeck in die Messe, vier Meilen weit; kein Fleisch am Freitag; nach der Mahlzeit ein hochfeierliches Bekreuzen der Stirn und der Brust, welches die Tochter, eine muntere Seiltänzerin, mit einer artigen Gebärde, als wollte sie etwas am Putz ordnen, in der Hast abtat. Den Herrn Overberg traf meine Frau am Bette der kranken Gräfin Sophie, wie er sie und die Kinder mit Legenden unterhielt. Das war nichts weiter, hieß es, als wenn meine Frau (was sie einst vor der Fürstin tun mußte) unseren jüngsten Söhnen in der Dämmerung aus der Odyssee erzählte im niedersächsischen Kinderton. Ich machte die Gräfin Katharina aufmerksam auf die Fürstin. »Sie tun ihr Unrecht«, antwortete die Gute; »Sie glauben nicht, wie die Fürstin Sie ehrt und liebt!« Dann vertrauete sie mir, sie habe im Vorbeigehn an der Laube gehört, wie Fritz im einsamen Gespräch mit der Fürstin voll Zorn sich von Voß zu trennen gelobt habe und wie mild die Fürstin ihn besänftiget. Woher der Zorn, wozu die Besänftigung, ahnte sie nicht.

Stolberg sagt in dem Brief an Lavater, den er als Katholik im Jahr 1800 schrieb, er habe den Schritt zur katholischen Religion nach *siebenjähriger* Untersuchung getan. Jetzt, also ungefähr im J. 1793, begann die angebliche Untersuchung. Dabei war Voß überflüssig; doch durfte die Verabschiedung nicht plötzlich sein, der Katholik mußte zuvor reifen.

Bald nach dem Abzug der Gallitzin im Herbst kamen Stolbergs Reisegefährten, die Herren von Drost. Der ältere neu vermählt, ein gutmütiges Ehepaar. »Iß doch brav Fleisch, lieber Adolf«, sagte die Liebenswürdige zu Abend, »morgen ist ja Freitag!« Und Adolf aß brav. Der jetzige Weihbischof ward auch als Guter gelobt; er sprach wenig und wandte bei meiner Anrede die Augen hinweg: unbestimmbar, ob aus Scheu des Ketzers oder des Unadligen, oder weil er sich leer fühlte; wahrscheinlich alles zugleich. Er hatte einen geweihten Stein mitgebracht, auf welchem stehend er dem Dutzend katholischer Einwohner Eutins Messe las, mit Gebärdungen, woran ein alter rechtschaffener Leinwandhändler aus Westfalen sich ärgerte.

Einst, da ich mit Hensler an Stolbergs Tische war, fiel das Gespräch auf adlige Landgüter in Bürgerhänden und auf die Menge ausgestorbener Familien. Weitläuftig schilderte H. des Adels Ausschweifungen, die, roh in älterer Zeit, verfeint in späterer, Geist und Leben und Gut verwüstet. Am ärgsten, meinte er, ward es seit Ludwig XIV. Sehr arg, sagte ich, zeigt es schon 1587 der Norddorfer Pastor Meigerius in den niedersächsischen Predigten über die Zauberei: der Adel habe, durch wüstes Leben geschwächt, angebliche Behexer auf der Folter zum Geständnis genötiget und verbrannt. »Warum«, fragte H. auf dem Rückwege, »sah St. so düster aus?« – »Unser Gespräch«, sagte ich, »war jakobinisch.«

Der Winter 1794 vermehrte den Ingrimm auf deutsche Jakobiner. Stolberg hatte im Musenalmanach für 1793 seiner Ode an den Kronprinzen von Dänemark die Anmerkung beigefügt: »Mein Vater war der erste in Holstein, der den Bauern seines Gutes Bramstedt Freiheit und Eigentum gab.« Dagegen erschien in Niemanns Zeitschrift von dem damaligen Besitzer Lawäz aus Urkunden der Bericht: In Bramstedt waren Freibauren bis zum Ausgang des sechzehnten Jahrhunderts; im siebzehnten ward über zugemutete Frondienste geklagt; langer Rechtshandel, kein Urteil; neue Zumutungen, neuer Rechtshandel und kein Urteil; am Anfang des achtzehnten Jahrhunderts waren Leibeigene da; von diesen Überwältigten gab Stolbergs Vater einige frei für Geld, die übrigen entließ Lawäz. Wir anderen an des Sohns Stelle hätten den Kaufschilling der Freiheit, den der Vater gewiß aus Unkunde annahm, den Erben zurückbezahlt mit Zinsen und Schmerzengeld nach gemeiner Rechtlichkeit, ohne Anspruch auf adliges Ehrgefühl. Ihn selbst hätte sein gutes Herz aufgeregt, wär ihm das Glück geworden, ein schlichter Bürger zu sein. In Holstein war's Hans Rantzau auf Aschberg, der zuerst seinen Leibeigenen im Jahr 1739 Freiheit und Eigentum zurückgab.

Während im Mai 1794 eine Gesundheitsreise nach Braunschweig, Halberstadt, Weimar und Halle mich aufheiterte, kam wieder ein Zug Münsterer nach Eutin: zwei jüngere von Drost und Katerkamp. Mich Heimkehrenden besahn sie einen Augenblick vor ihrer Abreise. Lavater in seinem Briefe an Stolberg, den Katholiken, stellt die Gallitzin, die Droste und Katerkampe zusammen mit Sailer und Fénelon; ihre Tugenden, sagt er, sich eigen zu machen, würde er selbst, wenn das der einzige Weg wäre, noch wohl katholisch werden. Von Katerkamp schrieb mir meine Frau nach Halberstadt, er scheine ein sehr kluger und guter Mann zu sein; und darauf, sie habe auf dem Tische der Gräfin Sophie Münstersche Andachtsbücher gesehn, vier an der Zahl.

Auf dieser Reise vernahm ich allenthalben den lautesten Unwillen und Spott über die Pfaffen Hermes und Hilmer, die grade damals, von Wöllner, dem Knecht anderer, gesandt, ihrem verschimmelten Glauben in gelüfteten Kirchen, Schulen und Universitäten nachschniffelten. Wie man in Halle sie begrüßt habe, ward mit Jubel erzählt, sogar in Dorfschenken. In Halberstadt hatte der Rektor Fischer sie als Abgeordnete des Königs geehrt; das tadelte Gleim, tadelten die Gelehrten, die Domschüler und die ehrsame Bürgerschaft; sie kämen, hieß es, von Verrätern an König und Volk. Ein alter Landprediger, zu welchem mich Gleim führte, saß eben an seinem Schreibtisch und vermehrte des Dorfs Chronik mit einem Aufsatz über die törichten Verdunkler, um ihn dem ausgebesserten Turmknopfe zu vertraun. Freie Forschung, wie unsere von römischem Trug gereinigte Religion sie gebeut, zu hemmen durch weltliche Macht und das gefundene, schon bei Hohen und Niedrigen des Volks verbreitete Licht auszulöschen, das hielt die Bande von Arglistigen, die des Königes Herz mißbrauchten, und ihr erbärmliches Häuflein von Dummköpfen und Heuchlern für ausführbar! Die Kurzsichtigen!

Nach Halberstadt ward mir Stolbergs Ode »Die Westhunnen« gesandt. Die Westhunnen, die er meiner arglos fragenden Frau mit entatmetem Grimm erklärt hatte, sollten nicht Franken heißen, weil seine Mutter eine Gräfin Castell aus Franken sei. Zwischen der »fliehenden Unschuld«, das ist dem auswandernden Adel, und den unbeeidigten »Priestern Gottes« steht in der Mitte der Königsmord ; und solcher Greuel, behauptet er, freuen sich Deutsche mit! Als Gleim die Flüche gehört hatte, sagt er lachend: »Hätten die Franzosen nichts Ärgeres getan, als hochmütige Junker fliehn lassen und aufsätzige Priester gezähmt, sie verdienten Lob.« Meiner Frau schrieb ich aus Weimar: »Stolbergs Gemütskrankheit bedaur ich.

Aber daß er mich, den er kennen müßte, zu den rasenden Billigern alles Unheils in Frankreich stellt, ist nicht freundschaftlich. Wieland las seine Ode und fand sie – toll; auch Herdern schien sie unsinnig. Sein Probebrief im »Merkur« hat äußerst mißfallen durch seine Leerheit und den schlechten Stil, dem man doch Ansprüche ansieht. Was wird man zu denen sagen, worin adliger und pfäffischer Sauerteig gärt? Hole der Henker Adel und Pfäfferei, die ein Herz wie Stolbergs entedelten! Sein heilloses *Wir!* Wir von Adel! wir Rechtgläubige! wir Alleinselige! wir Deutsche! wir Stolberge samt den Unsrigen!«

Daß in Kiel der Professor Karl Cramer entlassen sei, diese bestürzende Nachricht nahm ich mit auf die Reise. Cr. hatte die ewigen Begriffe von Freiheit, die, ohne Bestimmung einer Regierungsform, nur gegen Willkür und Gewaltsamkeit sind, oft so schief gefaßt, so wunderlich ausgedrückt, daß ich dem zürnenden Stolberg riet, um die Freiheit in übelen Ruf zu bringen, müßten die Gewalthaber Cramern zum Fortschreiben durch Auszeichnungen ermuntern, durch höheres Gehalt oder, wie den Herrn von Schirach, durch ein Adelsdiplom. Der sich selbst allein schädliche Mann ward, weil er in adligen Gesellschaften unerfreuliche Dinge hinplauderte, dem edlen Bernstorff als ein gefährlicher angezeigt. B. ermahnte den Sohn seines Freundes, warnte, drohte; umsonst, Cr. trotzte, seiner Unschuld sich bewußt; und es geschah, was bei gelassener Behandlung zu vermeiden war. Bald nachher, da Bernstorff noch Cramers Reue und Herstellung wünschte, trafen sich Cr. und Fritz St. in Preez, Freunde von der Kindheit her und Duzbrüder. Der Unglückliche, der seinem Fritz nichts zuleide getan, der nur dem Adel Bürgertugenden gewünscht hatte, ward wie fremd übersehn, wie verpestet gescheut; er ging in des Wirts Garten und weinte sich aus. Ein trauliches Wort, Stolberg, ein herzlicher Zuspruch, hätte den guten, talentvollen, nur unbesonnenen Freund gerettet.

Einigen schien es, die Anstifter Bernstorffs hätten durch Cramers Absetzung andere Gelehrte Kiels einschüchtern wollen, solche, die heller sahn und würdiger aussprachen, was nötig sei, um ähnliche Erschütterungen wie die französische zu verhüten. Gewiß ist, der holsteinische Adel betrachtete die schreckliche Weltbegebenheit als etwas Zufälliges, durch Schriftsteller voll Neid und Bosheit Erschlichenes, das leicht abzuwehren war durch frühzeitigen Zwang. Man nährte den lächerlichen Wahn, so was wie in Paris könnte wohl auch ausbrechen – in Kiel: die und die wären Männer, wie Sieyès, wie Vergniaud, wie Mounier; der kluge, brave, kriegskundige Binzer (nachmals General) würde wie La Fayette handeln. Solche Politiker von Geburt waren es überall, die, durch französische Geburtsmänner betört, unsere Fürsten zu dem unseligen Kriege und dem übelberechneten Manifeste verleiteten, und als nun eintraf, was verständige Warner aus dem Volke geweissagt hatten, die Warnenden selbst für Verräter ausschrien.

Um diese Zeit begann Stolberg die Übersetzung »Platonischer Gespräche«, die in 3 Bänden 1796–97 herauskam. Begeistert von der Gallitzin, seiner Diotima, eifert er in den Anmerkungen wider die neueren Weltweisen und Theologen mit gräflichem Selbstgefühl, zu vornehm für bürgerliche Bescheidenheit. Dabei erzählt er (I, 153) aus Plutarch vom Tode des großen Pan, welche Geschichte viel Aufsehens in Rom gemacht, so daß Tiberius (zu dessen Zeit unser Herr gekreuziget ward) sich erkundet nach dem großen Pan. Aus einem Worte des Sokrates lockt er (I, 159) die Lehre: eine Schrift habe nicht völlig Bestand ohne *Überlieferung*. Sehr wahr in Beziehung auf die Heilige Schrift, wenn er überlieferte Kenntnisse vom Geiste des damaligen Zeitalters gemeint hätte. Schön findet er (I, 295) die ehliche Liebe zwischen Hektor und Andromache, zwischen Odysseus und Penelope; »aber nirgends im ganzen Altertume so schön und so herzlich in edler Sitteneinfalt als in unsern heiligen Schriften bei Abraham, Isaak und Jakob und anderen«, wozu auch David gehören mag und Salomon. Keine Sprache, sagt er (I, 310), ist so züchtig als die Sprache der Heiligen Schrift. Wenn er noch gesagt hätte: sie ist manchmal für uns zu natürlich, aber keusch nach morgenländischer Art! Sei's auch nicht wahr, dacht er, ich sag es in guter Meinung, und das liebt der Herrgott.

Jetzt war Stolberg in beständiger Fieberglut, zumal wenn eine Münstersche Siegsnachricht, die er den zusammengerufenen Bedienten mitgeteilt, wie gewöhnlich in ein Lami ausging. Dann polterte sein rascher Tritt meine Treppe herauf, dann flog die Türe, daß im Winter Rauch und Feuer aus dem Ofen fuhr, dann kam Unruh in mein stilles Gemach. Flüche hört ich auf Franzosen und auf deutsche Jakobiner, nun auch Illuminaten genannt, und auf Unchristen; absetzen sollte man, ja wegjagen ohne weiteres. Kaum war noch ein vernünftiges Gespräch übrig. Denn, wenn St. mir dergleichen mit Worten, die zu hören sein Kutscher gewöhnt sein mochte, vorwütete oder wenn er, wie absichtlos, sich entfallen ließ, die Tugenden eines, der von Gott nicht denke wie er, sein gottlos; die Schriften der Heiden sein verderblich, weil demokratisch; man bedürfe jesuitischer Schullehrer – welche Antwort blieb, als ein Anblicken der Verwunderung? Eines Nachmittags, da ich in der Wohnstube auf dem Ohnsorgestuhle gestreckt ausruhte, brach der Dämonische herein und schüttete uns seine Galle vor. Ich, in behaglicher Laune, ruhete fort und hörte zu. Endlich erschöpft, sprach er mit meiner Frau über Blumen und ging.

Weit unerträglicher war's, wenn der Gallsüchtige im vornehmen Tone der Zurechtweisung sprach oder mit höfischen Stacheln prickelte. Ein solcher Besuch entpreßte mir das Gedicht »Offener Zorn«:

> Hat Leides dir das Blut vergällt,
> Und wühlt dir Groll im Herzen;
> Ihn lieber grad herausgebellt,
> Als unter bittern Scherzen!

Am Schluß:

> Sei stets, auch eifernd, ungefälscht,
> Du Sohn von Teut und Mana:
> Nicht schlau gehöfelt noch gewelscht
> Mit tückischer Tofana!

Nach einer der zu häufigen Aussöhnungen entstand das Gedicht »Die Andersdenkenden«, welches schließt:

> Dein Bruder meint's, du Lieber,
> Mit Gott und Menschen gut.
> Sonst, sage mir, wie hüb er
> So fröhlich Aug und Mut?
>
> Laß denn die bösen Namen
> Auf -aner, -ist und -at!
> Sie streun des Bösen Samen
> Und dämpfen Rat und Tat.
>
> Die Summe der Vereinung:
> Der Gegner sei geehrt!
> *Verfolgt sei nur die Meinung,*
> *Die freie Meinung stört!*

Den Zutritt eines Freundes mißbrauchen zu dem, was sonst kein Junker mir zu bieten gewagt hätte, war nicht edel. Aber den Unglücklichen hatte die politische Wut so besessen, daß das Sprichwort immer mehr in Erfüllung ging: vor Ärger katholisch werden.

Gleichwohl in dem selbigen Jahr 1794 vermochte Stolberg, uneins mit sich selbst, seinen elfjährigen Sohn Ernst und den siebenjährigen Andreas zu öffentlichem Unterricht meinem mir völlig gleichdenkenden Schwager und Amtsgenossen, dem jüngeren Boie, zu vertraun. Rudolf Boie war ein Mann von weitumfassender Gelehrsamkeit, die mir oft aushalf, bewandert in Dichtern und Prosaikern des Altertums und der neueren Zeit, in Geschichte, Weltweisheit und allen Fächern der Theologie, ein vorzüglicher Schullehrer und Kanzelredner, in engerem Kreise ein unterhaltender Gesellschafter, ein goldtreuer Freund. So kannte St. aus vielen Unterhaltungen bei mir den Bruder seines Freundes Christian Boie und den unsrigen. Aber niemals, eh Boie als ein Frommer den langsamen Tod erwartete, lud ihn St. in sein Haus, er, der mit allerhand Adligen sich gemein machte. Ein rangloser Gelehrter oder Tintenmann, und dabei Schullehrer mit dürftigem Gehalt, ist unserem deutschen Adel höchstens einer gütigen Aufmerksamkeit oder, wie St. bei den »Platonischen Gesprächen« (I, 311) sagt, einer banausischen Freundschaft[2] würdig. Ein Hochgeborener drechselt wohl selbst ein wenig zum Vergnügen; den eigentlichen Drechsler nutzt und verachtet er.

Zum Hauslehrer (denn gräflicher Anwachs muß was voraushaben) wählte sich St. einen Zögling von Funk in Magdeburg, den jetzigen Prof. Delbrück. Zwar hatte der die Gewissensfragen über Politik und Religion nicht ganz nach Wunsche beantwortet, aber mit dem Zusatz, auch Funk denke so, sich vorderhand geschützt. Nicht lange, so ward er verabschiedet, weil er von den Kreuzzügen

---

[2] »Banausos (sagt Stolberg) bezeichnet eigentlich einen Menschen, der am Feuer arbeitet, überhaupt bedeutet es einen Menschen von sitzender und durch Fleiß erwerbender Lebensart. Solche wurden, als wenig fähig zu edlen Geistesbeschäftigungen und zu kühnen Taten, geringgeschätzt. Eine gemeine Freundschaft wird irgendwo von Platon eine banausische Freundschaft genannt.« Der Grieche nennt Banausos einen Handwerker von sitzender Lebensart. Warum lieh unser Graf dem verachtenden Wort einen so weiten Sinn, der auch den fleißigen Gelehrten, den selbsttätigen Geschäftsmann und den Amtsbesorger umfaßt? Mitunter gewiß, wann er dies Lieblingswort nachdrücklich mit Lächeln aussprach, war ich selbst, ohn es zu ahnen, der banausische Freund!

unpäpstlich dachte, und ersetzt durch einen Pädagogen, der dachte, wie es gefodert ward.

Am 28. August 1794, dem Geburtstage der Fürstin Gallitzin, sang Stolberg voll dithyrambischer Begeisterung:

> Schauer der Ehrfurcht,
> Der Freude Schauer,
> Beben mir, o Geliebte! durch Mark und Gebein
> Beim Gedanken an dich,
> Die du sonnest im Strahl
> Der ewigen Sonne!
>
> Heb, o Geliebte!
> Heb, o Gesegnete des Herrn!
> Auf deinen Schwingen
> Zur ewigen Sonne,
> Heb, o Geliebte, mich empor!

Das Licht dieser ewigen Sonne, sagt er, sei Wahrheit, ihre Glut Liebe. Zur wahren Religion der Liebe, zur römisch-katholischen, strebt er empor.

Der Winter 1794–95 brachte dem edlen Boie den schmerzhaft langsamen Tod. Seine Ruhe, sein heiterer Geist, der bis zu den letzten schlaflosen Nächten nach Kenntnis rang, war auch für Stolberg so rührend, daß er fast täglich ihn besuchte. Dennoch vernahm ich einmal liebloses Gezischel über unsere Religion. Als St. darauf in mein Zimmer stürmte, empfing ich ihn mit den Worten: »Heut müssen wir über ernsthafte Dinge uns aussprechen; Sie haben unser Verhältnis zu Gott wieder ein unchristliches genannt; das darf ich als Schullehrer nicht hingehn lassen.« Das anfangs heftige Gespräch ward allmählich gelassener und endigte nach drei Stunden in Wehmut. St. begann sich unwohl zu fühlen in der Kälte seiner dogmatischen Phantasie; das täuschende Sonnenbild seiner Gallitzin, das weder leuchtet noch wärmt, ward ihm verdächtig; die wahre Sonne, die Allbeleberin, die ein Gewölk ihm verdeckt hatte, traf mit vorblickenden Strahlen sein Herz. Er weinte an meinem Halse, da er gegenüber nicht Greuel sah, sondern Frieden in Gott und, als Zeugen dieser schon hier anfangenden Beseligung, Boies Abschied.

Vom Abendmahl dacht er damals wie Zwingli; Luthers noch halb-katholische Vorstellung schien ihm »absurd«. Den letzten Unwillen richtete er gegen die Leugner der Weissagungen: »Hierüber zu urteilen«, sagte ich, »müßten wir jede Weissagung besonders untersuchen. Wollen Sie? Ich kann noch genug hebräisch; wir forschen, nicht gläubig und nicht ungläubig, wie etwa im Homer; was wir auch finden, das Gefundene wird uns erfreun als Wahrheit.« – Stolberg schwieg. – Ich wiederholte und erbot 4 bis 6 Stunden wöchentlich. – Er sprang ab. – Oh, hättest du die Prüfung nicht gescheut, Stolberg, manches, was du zu verantworten hast, wäre wohl nicht geschehn! Und doch rühmte sich nach dem Abfall der Verblendete, strenge geprüft zu haben bei »täglicher Anrufung des Geistes der Wahrheit«.

Von mir ging er zu meiner Frau bei Boie, wo er mit ungewöhnlich heiterem Gesicht erzählte, er habe mit mir eine sehr angenehme Unterredung gehabt. Am 5. April 1795 schrieb ich unserem Gleim: »Zu Stolbergs kommen wir jetzo nicht, weil sein Gast, der gemütskranke Zimmermann, alles Geräusch fürchtet. Desto fleißiger kommt Stolberg zu uns und zu unserm Kranken. Neulich vergingen uns drei Stunden wie Augenblicke im Gespräch über Religion. Er duldet jetzt andre Überzeugungen mit Ruhe, mit Heiterkeit. Ich träumte die ganze Nacht, wie wenn einem was außerordentlich Frohes begegnet ist; auch er war mit einer Fröhlichkeit zu den Seinigen gekommen, daß sie den folgenden Tag mit Verwunderung davon sprachen.« Und meine Frau schrieb ihm: »Mit Stolberg sind wir seit Jahren nicht so herzlich gewesen als jetzt; das tut uns innig wohl. Die dreistündige Unterredung und das ruhige Scheiden unseres Treuen haben sein Herz erschüttert.« Einige Tage darauf hatte Stolbergs Gemahlin Sophie am Lager des Absterbenden (dem sie gern Andachtsbücher vorlesen wollte) meine Frau lächelnd gefragt: »Was kann denn Voß mit meinem Manne gemacht haben?« Auffallend war's, daß St. es bei der einen Unterredung bewenden ließ.

Nach der Todesnacht, am 16. April, ging ich zu St. mit Boies letztem Gruß und letzter Bitte: Er möchte das Seinige tun, daß unser Freund Wolff, mein Kollaborator (jetzt Konrektor in Flensburg), der seit dem vorigen Sommer Boies Schule verwaltet hatte, mein Lieblingsschüler und Sohn des vorigen verdienstvollen Superintendenten in Eutin, das Konrektorat erhielte. Stolberg erblaßte: »Ach, wenn es nur nicht zu spät wäre!« – »Wie das?« – »Weil man Boies Tod voraussah, ist wahrscheinlich schon sein Nachfolger ernannt worden.« – »Unmöglich! die Form ist ja: das Konsistorium, mit dem Rektor sich besprechend, schlägt mehrere vor, und nach den Zeugnissen wird gewählt.« – St. antwortete verwirrt, W. werde für heterodox gehalten. – »Was und wessen denn ist die Anklage, die den guten W. ungehört von der Fähigkeit einer Anstellung im Vaterlande ausschließen soll?«

Stolbergs Antwort bewog mich, sogleich an Graf Holmer in Oldenburg einen Brief zu schreiben, woraus ich das Wesentliche mitteilen muß.

»Ew. Exzellenz werden mich mit Gefühl für einen Unschuldigen vernehmen und mit Unwillen gegen pfäffische Arglist, die unser edel regiertes Land mit einer Art Wöllneriade bedroht.

Es war im Herbst 1792, als auf Henslers langes und dringendes Betreiben sein Neffe, der Sohn des Pastors, nunmehrigen Generalsuperintendenten Callisen, mein Schüler ward. Nach Neujahr 1793 meldeten mir beide Hensler, der Kandidat Wolff erlaube sich in der theologischen Stunde Äußerungen, wovor der Vater erschrecke. Ich, voll Verwunderung, befragte Wolff und den jungen Callisen. Aus ihren gleichstimmigen Anzeigen ergab sich dies:

Der ehrliche Dorfpastor Callisen[3] , von seinem Schwager Hensler genötigt, sandte mir seinen sechzehnjährigen Sohn mit dem Auftrage, ihm einzuberichten, was etwa bei mir gegen die Reinigkeit seiner Religion verlautete. Der gute, zum Auflaurer gar nicht geschaffene Jüngling meldete ein Vierteljahr lang allerlei, das dem Vater wohl bedenklich, aber noch immer kein Grund zur Anklage scheinen mochte. Endlich kommt der auffallende Satz: Die Bibel sei von Gott eingegeben; aber nicht wörtlich, nicht alles und jedes in der Bibel (z. B. Geschichte, Genealogie u. dgl.), nicht also die ganze

---

[3] Zu diesem Callisen ward ich im Frühling 1776 von Claudius geführt, als er, nach Darmstadt gehend, bei dessen Frau, Henslers Schwester, Abschied nahm. Ihn nannte Claudius auf Holsteinisch einen Swöger. Durch Swögen und Altgläubigkeit, als Nachbar des Bernstorffischen Guts Borstel, gelangte er, Gott weiß wie, zur Würde eines Holsteinischen Generalsuperintendenten, damit er der Aufklärung des Schleswigischen Generalsuperintendenten Adler, welcher Bernstorff begünstigte, entgegenwirkte.

Bibel sei Offenbarung, sondern in der Bibel sei Offenbarung. Ein ganz gemeiner Satz, der zwar in keine Kinderlehre gehört, aber wohl in den Unterricht denkender Jünglinge, worunter künftige Geistliche sind. – Ich drang auf des jungen Callisen Entfernung und auf eine Rüge des Schleichweges, den sich der Vater erlaubt hatte. Mein Freund Hensler besänftigte mich; sein Neffe blieb und ward der theologischen Stunden entledigt. Gegen diese Erlaubnis bedung ich strenge Verschwiegenheit, daß nicht dem unschuldig Verunglimpften ein Gezischel folgte.

Aber wer auch der Treulose oder Unvorsichtige sei, schon seit einem Jahre, wie man mir sagt, hat die Verleumdung, Wolff sei nicht rechtgläubig, sich in Eutin, zuerst bei den Höheren, herumgezischelt.

Vor Callisens Schleicherei liebte man Wolffs und Boies Predigten so allgemein, daß Eifersucht der Geistlichen sich äußerte. Einige Zeit nachher, sagt man, ward eine Predigt von Wolff in der Schloßkirche den Höheren zum Ärgernis; besonders soll eine Dame, wovon ich viel Rühmliches weiß, sich nicht wenig ereifert haben. Der Inhalt war: Nicht leeres Glauben, sondern ein gottgefälliges Tun führe zur Seligkeit, der Glaube müsse durch Liebe tätig sein. – Wolff hat die Predigt mir vorgelesen; ich lege sie bei zu Ew. Exzellenz Prüfung. Solche Speise sei zu stark für die Gemeine, haben einige gesagt. – Evangelische Milchspeise für eine Schloßgemeine! Gerade diese Predigt hat in den unteren Stühlen den lautesten Beifall gefunden; man hat sie noch in der Handschrift zu lesen begehrt. Desto befremdender war in den oberen Sitzen dies altfränkische Anstaunen, auch wenn man mit eingezischeltem Mißtrauen hörte.

Ist Wolff solcher Lehrsätze wegen unfähig, selbst der Mitwerbung um die zweite Schulstelle, wo nur harmlose Katechismusfragen zur Sprache kommen, so begreife ich, daß er noch weniger in der ersten Klasse mein Gehülf bleiben darf. Ja, ich selbst muß mein Herz fragen, ob ich zur Bildung der Jugend in Eutin noch tauglich sei. Es könnte ja sein, daß grade dasjenige, was ich als die edelste Nahrung für Geist und Herz, nicht mit schüchternem Umherschauen, nein frei und mit Wärme, vortrage, hier im Verruf wäre wie heimliches Gift.

Wolffs Kenntnisse und Glaubensmeinungen haben würdige Geistliche wie Adler geprüft. Er unterwirft sich hier einer neuen Prüfung; sei auch der Erfolg nur Zerstreuung des bösen Gerüchts, welches sein Glück gefährdet.

Ein Wort von Ew. Exzellenz wird die Verunglimpfungen, die den edelmütigsten Fürsten zu umlagern scheinen, in ihre faulen Dunstwinkel zurückscheuchen.«

Diesen Brief teilte ich dem Grafen Stolberg vor der Absendung mit; er selbst, wenn mein Gedächtnis nicht irrt, wollte für Wolff schreiben. Warum hat er die Verleumdung nicht frühe genug angezeigt, daß W. sich rechtfertigen könne? Dies ward mit Ausreden beschöniget.

Graf Holmer widersprach der Stolbergischen Vermutung: keine Rücksicht auf Rechtgläubigkeit, sondern eine andere, für Wolffs Glück unschädliche, habe S. Durchl. zur Anstellung eines Auswärtigen bewogen. Ich verstand nicht, was gemeint sei; erfuhr aber bald ein anderes Gezischel vom Ende des Jahrs 1793 her. Wolff, der mir seine Zeitung zu bringen pflegte, verkündigte einst im Hereintreten die unerwartete Wiedereroberung Toulons; und die Gräfin Sophie, die zum Weggehn bereit stand, wollte in Ohnmacht fallen. Seitdem, sagte man mir, hieß W. unter den Adligen, so gut wie Boie und ich selbst, ein Jakobiner, ein Demokrat, ein Begünstiger der Blutmenschen. Gewiß kam diese Anschwärzung aus Stolbergs Familie, wahrscheinlich auch die andere, die der wortbrüchige Callisen seinen hohen Gönnern ins Ohr geraunt. O Parteiwut! o schmähliche Kunstgriffe, einen hellsehenden Minister und den edelsten Fürsten zu mißleiten!

Der so angestellte Konrektor hätte gleichwohl ein würdiger Mann sein können. Als solchen empfing ich ihn, vertrauete ihm meine zwei jüngsten Söhne, kam ihm zuvor mit Rat und Willfährigkeit. Aber da half kein Rat, kein Zurechtstellen; der gute Mann war durchaus unbrauchbar; ich mußte meine Kinder noch unreif in eigene Zucht nehmen und sagte mich los von der Aufsicht der zweiten Klasse. Dem verdrängten Wolff, der bald in Glückstadt, dann in Flensburg Schullehrer ward, erteilte der Graf Stolberg vor seinen »Platonischen Gesprächen« im August 1795 ein gütiges Wort über die Vollendung der von Boie zum Teil übersetzten »Republik«:

»zu welchen Erwartungen Wolff, ein Zögling von Voß, Freund und Gehülf von beiden, berechtige«.

Auch Stolberg überzeugte sich von des Konrektors Nichtigkeit und bat mich, zu meinen unreifen Söhnen die seinigen aufzunehmen. Wegen der Doppelverketzerung unserer Schule, um die er wenigstens gewußt hatte, lehnte ich's ab. »Sie wissen«, sagte ich, »aus langer Vertraulichkeit mit dem, der die Verstellung haßt, aus meinem Kommentar zum Virgil, aus den »Mythologischen Briefen«, aus mehreren Gedichten, aus den Gesinnungen, die ich dem Pfarrer von Grünau lieh, aus jenem dreistündigen Gespräch, aus dem Briefe an Holmer für Wolff, wie sehr meine Vorstellungen von göttlichen und menschlichen Dingen unähnlich den Ihrigen sind oder grade entgegenstehn. Daß Ihre Kinder den Religionsunterricht bei Ihnen selbst haben, schützt sie keineswegs vor meinen Gesinnungen. Allenthalben, wo sich Gelegenheit darbietet, bei Homer, Virgil, Cicero, Milton, Tasso, trachte ich die Jugend aus finsterem Wahn zu heiteren Begriffen von Menschenwohl zu erheben; das ist mir das Heiligste meines Berufs.« St. antwortete, daß seine Kinder bei mir nichts Verderbliches lernen könnten, und ich nahm die aufblühenden Agnessöhne mit Liebe und Vertraun in meine Schule. Dies geschah in dem Winter 1795 auf 1796.

Ein solches Aufdringen beweist, daß die Eindrücke von dem dreistündigen Gespräch und Boies Tode in Stolbergs Herzen noch nicht erloschen waren. Denselbigen Winter verweilte bei ihm seine Nichte Luise Bernstorff; diese durfte nicht nur unsere tägliche Hausfreundin, unser Töchterchen sein, sondern St. empfahl ihr zur Herzensbildung, wie er sich ausdrückte, mein Grünauisches Gedicht. Ja, seinen Söhnen gab er selbst meinen Kommentar zum Virgil in die Hand samt allen den Anstößigkeiten, die er religionswidrig genannt hatte. Was ihm und den Seinigen gegen Wolffs und meine Rechtschaffenheit entschlüpft war, hätt er wohl gern wieder gutgemacht. Sein Kopf hing vom Herzen ab, sein Herz leider von der Phantasie. Er war ein gutartiges Kind, aber verzogen durch Gräflichkeit und, wenn ihn Leidenschaft aufreizte, mitunter schlimm, sehr schlimm.

Nach so langem Kampfe mit Gram und Verdruß war uns eine Gesundheitsreise zum teilnehmenden Vater Gleim notwendig.

Zwar, da mir Wolff fehlte, blieb indes meine Klasse verwaist; aber meine zur Selbsttätigkeit gewöhnten Schüler hielten für sich Schule. Die älteren, nach tüchtiger Vorbereitung, erklärten gemeinschaftlich in beratendem Gespräch, indem einer den Lehrer vorstellte, und halfen den jüngeren fort, wie auch sonst Sitte war; Zweifel und unlösbare Schwierigkeiten wurden für meine Zurückkunft angemerkt. Weil ich sie als ehrliebende Jünglinge nahm, mit ihnen auf den Bänken saß, die Grenzen meiner Erkenntnis, und was ich jenseits vermutete, aufrichtig angab, immer Wahrhaftigkeit, redlichen Fleiß, Selbstforschen empfahl, die reiferen oft zu Tische lud, oft alle zu einem Grünauischen Waldfest am Kellersee mitnahm: so könnt ich auch abwesend ihrer Bescheidenheit sicher sein. Leichtere Unarten wurden gewöhnlich von ihnen selbst abgetan; Verdruß machten mir nur einige Fremde, die ich, durch Umstände genötiget, schon mit einer Falte bekam; die Schulstunden, auch wenn sie mich abmüdeten, waren mir Aufheiterung. So war's auch in Boies Klasse. Als er, der Sanftmütige, durch beginnende Krankheit reizbar ward, hatten die Knirpse, wie ich später erfuhr, einen Bund gemacht, den, der ihn ärgerte, durchzuprügeln. Dabei vollkommene Schulfreiheit, ein für mich erkauftes heiteres Haus mit einem Garten am See, voll Agneserinnerungen, eine Gegend, die uns in Heidelberg reizend blieb, einfach herzliche Lebensart, Nähe von Hamburg, Lübeck, Dithmarschen und Kiel (und welchen Menschen!), biedere und zutrauliche Mitbürger, ein solcher Minister, ein solcher Fürst! Man begreift, daß ich jeden Ruf nach Halle (vor Wolff), nach Breslau (vor Manso), nach Altona, nach Kiel ablehnte und daß endlich mich Entkräfteten nur der tückische Ostwind wegkneipen konnte. Verzeihung, großgünstiger Leser; mir ward alteutinisch zumut.

Wir reisten gegen den Junius 1796 und kamen im Anfang des Julius zurück, ich mit Ohrenbrausen, Betäubung und stechendem Schmerz im Kopf, den Folgen eines auf der Roßtrappe bekommenen Sonnenstichs. Ohne Gehülfen mußte ich, zuerst halbträumend und dann in lebhafter Fieberwallung, Schule halten und dazu den Musenalmanach besorgen, ohne den ich, bei steigenden Bedürfnissen, nicht auskommen konnte. Gleim, der heftige Freund, wollte mir dort oder dort sorgenfreie Muße für Wissenschaft und Poesie erstürmen und bot mir vorläufig zweijährigen Unterhalt. Ich, an meinem Eutin hangend, bat um Erleichterung; und der gütige Fürst gewährte mir Zulage und einen Gehülfen nach eigener Wahl. Im Oktober kam Bredow, ein rüstiger Aushelfer, und bis zu seinem Tode ein lauterer Freund.

Unterdes hatte Stolberg bedeutende Fortschritte gemacht zum Ziele der Münsterschen Bekehrer. In des dritten Bandes »Platonischer Gespräche« Zueignung an seine Söhne vom 30. Julius 1796 tönt schon die Losung: »*Alles ist eitel, dessen Grund und Ziel nicht Gott ist!*« die er seitdem, zum papistischen Herrgott hinwinkend, unaufhörlich im Munde führt. Und in einer Anmerkung S. 70 wird Sokrates, weil er Wahrheit und Tugend lehrte, ein *Proselytenmacher* genannt, würdig ein Bruder der heiligen Proselytenmacher zu sein. Heraus kam dieser Band erst in der folgenden Ostermesse.

Voll innerer Stürme, achtete es Stolberg nicht, uns auch diese, durch sein Zutun nötig gewordene Reise der Aufheiterung zu entheitern. Am vorletzten Abend bei Gleim, da wir von der Roßtrappe zurückkamen, empfing uns ein Brief Stolbergs an meine Frau mit einer giftigen, zum Teil unsauberen Beschreibung des hochverräterischen *Illuminatenbunds* und dem Verlangen, daß ich, zum Beweise meines Abscheus, die beiliegende Strafode »Kassandra« in den Almanach aufnehmen müßte, und zwar ohne mildernde Anmerkung. Die Kränklichkeit meiner Frau kannte Stolberg wie die meinige; auch das Unleidliche meiner Lage. Warum verschob er nicht wenigstens die mitanklagende Zumutung bis zu unserer nahen Heimkehr? Man denke sich das Gespräch auf dem Rückwege, wieviel Herbes wieder aufgeregt, wieviel zum voraus gekostet ward. Und das, da wir anderer Sorgen genug hatten, da die leidende Frau kaum reisen konnte, da mir das Gehirn wie verödet war.

Das Wort *Jakobiner* für Deutsche, die römisches Pfaffentum und bevorrechtetes Adeltum als Staaten im Staate betrachteten, war endlich verbraucht und beinah lächerlich; man setzte das neugeprägte *Illuminat* in Umlauf. Die Baierschen Illuminaten, die den Jesuiten zum Teil, sagt man, mit jesuitischer List widerstrebten, hatten durch guten Zweck oder Schein auch Auswärtige angelockt[4]. Der Bund ward gesprengt, und die Getäuschten schämten sich. Nun behauptete man, der Illuminatenbund, der gegen das *bestehen-*

---

[4] Selbst Jacobi stand auf der Schwelle dieses Tempels; Männer, die J. ehrte, liebte, bewunderte, traten hinein. Siehe Jacobis Werke, B. 2. S. 488.

de Gute gerichtet sei, dauere heimlich fort durch ganz Deutschland; und was in den Papieren einzelner sollte gefunden sein, galt für illuminatische Ordensregel, nach welcher man jeden Mißfälligen kurzweg als Illuminaten verurteilte. Des Ordens Betrieb sei alles, wes er die Jesuiten falsch beschuldige: Anschleichen an Fürsten, an Räte, an Beichtväter und Hofprediger, an Gelehrte, an Weltdamen, Zeitungsschreiber, Postmeister; dabei Giftmischen, Dolche und (was St. mehrmals mit Kraft meiner Frau vorsagte) Unzucht und Kindermord. Schon durch Vertreibung der Jesuiten habe ein Illuminatenbund die französische Revolution eingeleitet und später beschleuniget in geheimen Versammlungen, wo besonders unser Bode (ein kräftiger Feind der Jesuiten) das Seinige getan. Ein Märchen der Mutter Gans, dessen St. noch vor einem Jahr in dem Gewäsch »Über den Zeitgeist« sich nicht schämte: unseren Fürsten zutrauend, der Tor! sie könnten Jesuiten zurückrufen. In solchen Bund winkte St. auch die Trefflichsten, die zu Abstellung der Mißbräuche rieten, besonders in Kiel und Hamburg; ich selbst, dessen Abscheu vor heimlichem Schwarmmachen und frommem Betrug er nicht ableugnen konnte, sollte, mir unbewußt, ein Werkzeug sein. Diese bequeme Art, sich der Widersacher zu entledigen, ward vor kurzem mit dem Wort *Tugendbündner* erneut. Die hätten als umgekleidete Illuminaten doch einige Figur gemacht; aber jenes verlegenen Märchens achtete man selbst nicht mehr. Werden die Machthaber nicht aufmerksam, daß die Verschwörung gegen das Gemeinwohl dort brütet, wo man solche Giftnamen aushet?

Nach unserer Zurückkunft schien St. die Vermehrung unseres Leidens zu bereun. Den 11. Julius schrieb ich an Gleim: »St. teilt meine Empfindungen als alter Freund; die verwünschte Illuminatensache ruht indes.« Aber am 4. August meldete ihm meine Frau, ich hätte mir von St. für die schwere Anklage Beweis erbeten. Den Erfolg meldete ich am 22. August: »Ich wollte mit umgehender Post antworten; der Ohrenteufel verbot's. Weit gefehlt, den Beschwörungen mit warmen Dämpfen, mit eingetröpfelten Ölen, Fußbädern, Abführungen zu weichen, hat sich der Unhold noch fester gesetzt und mich zu allem beinah unfähig gemacht. Jetzt brennt man ihn mit spanischen Fliegen und Schwefel, dann sollen Blutegel ihn lossaugen, dann ein kaltes Kopfbad ihn zur Hölle zurückjagen. Des Morgens rauscht er, mit Hammerschlägen dazwischen, und gegen

Abend brummt er wie der Fliegenkönig. Indes meine Heiterkeit, die ich aus Halberstadt mitbrachte, zu umwölken, soll dem Beelzebub nicht gelingen. Wir wollen sehn, wer's am längsten aushält. – Stolbergs ›Kassandra‹, die wahnsinnig, nicht prophetisch ist, ohne Anmerkung in den Almanach aufzunehmen, habe ich mich bequemt, damit ich den verirrten Freund von der schimpflichen Teilnahme an der ›Eudämonia‹ rettete. Ein lebhafter Briefwechsel mit Stolberg und ein Gespräch darauf, wobei er, wie gewöhnlich, sehr weichherzig ward, hat mich überzeugt: *Stolberg selbst glaubt nicht an seinen Illuminatenspuk!* Wie kam in ein so liebendes Herz eine so grimmige, nach jeder Wehr haschende Verfolgungswut?«

Der ganze Beweis für den Illuminatenspuk war ein Pack Hefte der berüchtigten »Eudämonia«, und diese – unaufgeschnitten! Und aus der selbigen »Eudämonia« bewies ich durch angezeichnete Vergleichungen die Nichtigkeit der Anklage so klar, daß St. nichts antworten konnte, da ich seinen mir auf Glauben anderer gepriesenen Biedermann einen Schuft nannte. Er berief sich auf mündliche Zeugnisse von wienischen Ehrenmännern, die er nicht nennen dürfte (mit münsterschen Ehrenmännern und Ehrenfrauen sich nicht hervorwagend), und wünschte deshalb seine »Kassandra« in den Almanach, sonst müßt er in der »Eudämonia«, wohin er sie schon gesandt, sie erscheinen lassen. »Wohlan«, erwiderte ich, »so ins Blaue hinein weissagend, schadet Ihre ›Kassandra‹ keinem als Ihnen selbst; was sie meiner Person geschadet, sei verschmerzt; um Sie aus dem Kakodämonion zu retten, bewillige ich die Aufnahme in den Almanach und gebe mich für den alten Freund einer gerechten Rüge preis.« Stolberg ward gerührt und versprach, seine Ode sogleich von Grolmann zurückzufodern. Der aber druckte sie schnell und prunkte damit in politischen Blättern. Am 27. November meldete mir Gleim, er habe sie in der frankfurtischen Oberpostamtszeitung gelesen und zu Wernigerode ein Stück der »Eudämonia« voll Gift und Bosheit. Und Stolberg? – schwieg! Kein Wort des Mißfallens in der »Eudämonia«, keins in der Zeitung, wo er als Grolmanns Genoß prangte; kein Wort der Entschuldigung gegen mich!

Das Verschmerzen gelang mir nicht. Es erwachte so viel anderes: wie leicht Stolbergs natürlicher Edelmut durch Leidenschaft, durch Groll, durch Witzlaune sich verleiten ließ. Der alte Prinz Heinrich, erzählte er einst, hab in Berlin ihn französisch gefragt, was er von Ramler halte. Die Antwort: »Er ist ein Pedant!« sagt er, »entfuhr mir«, und lächelte zu meinem: »Pfui, Stolberg!« So sehr ihm Ramlers »Tod Jesu« und manche Ode gefiel, der Vernunftmensch, der Freund Lessings und Mendelssohns, war ihm widerlich; und ein Name, worauf Deutschland stolz sein darf, ward dem Halbfranzosen verächtlich gemacht. Der redliche Ehlers, den er gegenwärtig als lieben Freund behandelte, war in der Abwesenheit, weil er über Adel und Zwangsreligion ihm nicht nach dem Munde sprach, ein Ziel seines Spottes und ward samt Hegewisch und anderen Trefflichen als Illuminat bezeichnet. Wie mag wohl, grübelte mein dumpfer Kopf, dieser Freund über dich reden im Rat der Seinigen? Wie da, wo er hemmen will, als Bedaurender, als Entschuldiger? zufrieden mit sich, wenn ich für Eutin nicht ward, was ich sein konnte! Wie hat er öffentlich über den Freund geredet? Fand das Herz, das für Friedrich Leopold so manchen innigen Ton anstimmte, in dem seinigen je einen Widerhall? Dem Fleißigen, dem Regelfesten gibt er ein zweideutiges Lob und, worüber er kein Urteil hat, dem Gelehrten. Von dem, der nach höherem Geiste, nach edlem, nach erbauendem Wort und Gesänge strebte, weiß er nichts, obgleich er bei der »Luise« Tränen vergoß. Ein paar Gedichte hat er dem banausischen Freund zugeeignet: das eine sagt, ich will Satiren schreiben; das zweite, ich bin begeistert; das dritte, schlage mir Begeisterten keine Änderung vor, du Base, die an dem Brautkranz dreht. Dies und ähnliches ward im Gespräch mit der armen Frau wiedergekäut.

Unwillig über die kaltherzige, kein Mittel der Unterjochung verschmähende Eigensucht, schrieb ich das Gedicht »Die Anschwärzer«, welches schließt:

> Ihr Finsterling', im Herzen
> Eiskalt, im Kopfe warm!
> Zu dunkeln und zu schwärzen,
> Drum macht ihr selber Schwarm!
> Bekämpft sei, was ihr trachtet,
> Papsttum und Barbarei!
> Kein Volk, wo Dummheit nachtet,
> Bleibt Gott und Fürsten treu!

Dazu füge ich im Jahr 1800 für den Druck die Anmerkung: »Dieses Lied weckt traurige Erinnerungen mir und den Meinen, auch anderen vielleicht. Heimlich und öffentlich verbündete Männer und Weiberchen, namenlose mit namhaften, Papisten (nicht redliche Katholiken!) mit unwürdigen Protestanten, durch die Zeitumstände ernsthaft und scheinbar erhitzt, über Besonnenheit und Scham hinweg, lästerten Vernunft und Luthers Reformation und Denkfreiheit, verleumdeten nach Abrede die Andersgesinnten als eine Bande von Missetätern, mit dem Giftnamen Illuminaten bezeichnet, erhoben die Hierarchie, wünschten Jesuiten in Schulen und Beichtstühle zurück, trachteten Absetzung und Einsetzung.«

Mein vielfach gereiztes Übel verschlimmerte sich. Am 6. Dezember sank ich ohnmächtig in einen neuntägigen Schlummer mit kurzen Augenblicken des Bewußtseins, die nur meine Frau wahrnahm. Ich, der Gefahr wohlkundig und zum Scheiden gefaßt, wollte sprechen und wunderte mich des Gelalls von Worten, die dem Gedanken fremd waren. Hensler, der drei Tag und Nächte nicht von mir wich, sah Hirnentzündung, sprach von Anbohren, tröstete die Frau, ich könnte vielleicht genesen, aber (ob das zu wünschen wäre?) kaum mit Verstand. Spät begriffen sie mein Zeichen, der rechte Arm sei gelähmt. Am neunten Abend erriet man mein Gekritzel, welches Getränk ich wünschte. Was man mir sagte, mußte laut sein und kurz und in Kindersprache, die nur meine Frau zu treffen wußte. In dieser Not war Stolberg meiner schlaflos ausharrenden Ernestine der alte herzliche Stolberg mit Rat und Tat; Trost gaben ihr Stellen aus meinen Liedern, die St. wie neue mit Erbauung hörte.

Am zehnten Morgen, da meine Frau die Fenstervorhänge aufzog, freute ich mich laut der Morgenröte, erkannte Stolberg am Fuß des Bettes und bot ihm die lebendige Herzenshand. – Wie damals, mein Stolberg, so wird uns sein, wann du in der Morgenröte des ewigen Tags aus deiner viel schwereren Betäubung erwachst.

In kurzem merkt ich, es sei mehr geschehn, als ich in den zusammengereihten Augenblicken der Besinnung erkannt hatte, ließ mir erzählen und herzte mein heldenmütiges, halb grau gewordenes Weib mit den Kindern. Was mir Stolberg in der Genesung war, das vergelt ihm Gott! Erquickung brachte mir jetzt der bekannte Fußtritt, das freundliche Gesicht, das traute Gespräch. Auf Stolbergs Wunsch, daß mir die Sache mit der »Eudämonia« verhehlt bliebe, weil sie mich zurückwerfen könnte, hatt ihm meine Frau gesagt, ich hätte sie kurz vor der Betäubung durch Gleim erfahren und ihm ja beim Erwachen die Hand gereicht. In einer seligen Stunde des neuen Lebens sagt ich dem Geliebten: »Nun wird doch mein Stolberg nie wieder irre werden an mir.« Er drückte mir die Hand mit tiefer Rührung und schwieg.

Wunderbar ward durch diesen Herzbalsam die Genesung beschleunigt. Die Kräfte regten sich: »Laß mich arbeiten, Ernestine, nur vier bis sechs Verse des Tags, zum Zeitvertreib.« – »Du bist toll«, sagte sie; begriff aber bald, daß keine Gefahr sei. Der Tibull ward mir gereicht und, wann ein Besuch kam, unter die Bettdecke geschoben. Als Stolberg in das Geheimnis gezogen ward, flossen ihm die Tränen. Dem Tibull folgten Bion und Moschus, dann die Ovidischen Verwandlungen. Hensler wollte Einrede tun; ich trotzte: Sprache und Vers sei mir ein Spiel, ein Fliegenfang. »Nun denn«, sagte er, »so spiele mein Johann Heinrich, aber vorsichtig.« Im Januar 1797 reisete Stolberg mit einem Auftrage nach Petersburg. Aus seinen Briefen las uns die Gräfin Sophie manches Herzliche und Erheiternde vor; was wir lieber entbehrt hätten, war eine Beschönigung der deutsch-russischen Leibeigenschaft. Uns beiden verordnete Hensler, sobald der Frühling seine Ostwinde gezähmt, eine tüchtige Reise sonnenwärts.

Gegen den Junius 1797 fuhren wir ab, und auch auf dem Wagen mußte mein Ovid Deutsch lernen. Zwanzig bis dreißig Verse bildeten sich im Kopf und wurden bei der nächsten Fütterung aufgeschrieben. Neue Stärke gewannen wir bei vielen Teilnehmenden: in Penzlin bei meinem ersten und besten Lehrer Struck, von welchem ich Selbsttätigkeit und Anstreben gelernt; in Neubrandenburg bei Brückner und mehreren Jugendfreunden; bei Schulz, der in Rheinsberg zu genesen versprach; bei des fast neunzigjährigen Spaldings Familie und so vielen Guten in Berlin; bei den Guten in und vor Halle; bei unserem Gleim und den Freunden in Halberstadt; bei Eschenburg, und was in Braunschweig von Jerusalems und Lessings Genossen übrig war; in Lübeck bei unserem treuen Overbeck.

Als wir im Anfang des August zurückkamen, fanden wir um Stolberg die Fürstin Gallitzin und ihren Geistlichen Overberg in alter Geschäftigkeit. Der zugleich dagewesene Rektor Kleuker war schon weg. Unsere frisch erblühete Hoffnung zu Stolberg welkte. Zu ruhiger Brunnenkur reiseten wir nach Dithmarschen, wo Boie, die beiden Niebuhr, Vater und Sohn, und mein edler Piehl, ein Weiser in Baurentracht, durch treuherzige Liebe und gesunde Vernunft uns labten. Unterdes arbeiteten die münsterschen Proselytenmacher in Emkendorf, dem Sokrates sehr ungleich, das *Überlieferte* zu befestigen. Bald nach unserer Zurückkunft zogen sie heim. In Stolbergs Hause bemerkte ich, wie den guten Hauslehrer, dem der Pädagog Platz gemacht, einen von Kleuker zwar schlecht unterrichteten, aber eifrig fortstrebenden und sehr schätzbaren Mann, die feine Gallitzin wegzuspötteln trachtete. Den jungen Andreas behandelte sie und ihr Geistlicher, gleichsam im Scherz, als künftigen Missionar, in Gegenwart der zulächelnden Eltern. Der Fürstin eigener Sohn war es wirklich.

Einigemal in den Abendstunden besuchte mich Overberg, den ich lieb hatte, und lenkte das Gespräch auf Religion. Wie brüderlich eins wir waren, wie altchristlich, wie entfernt von Glaubensmäkelei! Die Verfolgungssucht der römischen Kirche, ihr Verdammungsgericht über Andersmeinende, die Kerker und Peinigungen und Scheiterhaufen, die Albasmorde, die Bartholomäusnächte, die Verjagungen der Hugenotten und der Salzburger, die feierliche Gründonnerstags-Verfluchung der Ketzer und namentlich der Lutherischen Auswürflinge: alles das mißbilligte Overberg als traurige Abirrungen vom wahren Geiste des Christentums. »Haben Sie«, fragte er, »das Tridentinische Konzilium?« – »Nein.« – »Nun«, fuhr er fort, »die Tridentinischen Väter haben dem Satz einer alleinseligmachenden Kirche förmlich entsagt.« – »Entsagt?« – »Ja«, antwortete er mit ehrlichem Blick, »euren Theologen ist dies Konzilium zu wenig bekannt. Wir lehren: ein jeder Guter, wes Glaubens er auch sei, kann selig werden. Auch gehn wir nicht aus auf Bekehrung; nur freiwillig Kommende nehmen wir an.« – Es werden, dacht ich, wenigstens einige Stellen des Konziliums so menschenfreundlicher Auslegung fähig sein.

Als die Münsterer in der Stolbergischen Begleitung von mir Abschied nahmen, drückte ich dem redlichen Overberg die Hand und sagte: »Wenn nicht hier, dort werden wir uns wiedersehn.« Auf einmal verdrehte der Mann die Augen, als betete er vor den Zuschauern, daß sein Herrgott mich bekehren möchte. Der Sinn dessen, was Overberg mir so mild gesagt hatte, war eigentlich: Außer der sichtbaren Kirche gibt's eine unsichtbare von solchen, die ihr Herz würdig macht, Katholiken zu sein; diese werden es durch Wunderkraft, wenn auch erst im Augenblicke des Verscheidens, um *als Katholiken* in den Himmel zu gehn. Bei milden Ausdrücken ließ Overberg mich etwas anderes denken als er dachte: nach weltlichem Sprachgebrauch – er log. – Das Tridentinische Konzilium, das in der ersten Sitzung schon Ausrottung aller Ketzerei ankündigte, sprach bei jeder einzelnen Meinung, die es für ursprüngliches Christentum ausgab, über die Andersmeinenden sein Anathema und am Schluß über die sämtlichen Ketzer sein vollstimmiges, aus zweihundertundfünfundfunzig Kehlen laut fluchendes Gesamtanathema. Wer mit der Miene der Offenheit dies gräßliche Anathema verschwieg, wer ihm Duldsamkeit unterschob – der täuschte, der log!

Andere Unkundige vor Täuschungen schleichender Herrgottspfaffen zu bewahren, hab ich bei den »Lichtscheuen«, Fab. 2. S. 387, den Schluß jenes Konziliums lateinisch und deutsch mitgeteilt. Wenn solcher Fluchreligion irgend ein Engel zu Gebote steht, er bemühe sich nicht, mir seinen Himmel in der letzten Stunde zu empfehlen. Aber jeden echtkatholischen Bekenner der Segenslehre: »Kindlein, liebt euch einander!« – auch dich, gut geschaffener, nur verirrter Overberg, hoff ich dort zu finden, in dem Himmel des Allbarmherzigen, wo viel und mannigfaltige Wohnungen sind.

Nach dem Besuche der Gallitzin verbreiteten sich um Emkendorf und Eutin allerlei Witzwörtchen, womit fortzuwitzeln die Stolbergische Partei bis auf den heutigen Tag nicht müde wird: Der Protestant protestiere in eins weg, bis er den Fürsten ihr Reich, dem lieben Gott seine Gottheit abprotestiere; er erkenne nichts Positives, nur Negatives, nur Nullen ohne vorstehende Zahl; man müsse ihn festhalten auf der Grundfeste, die er sich selbst in den Symbolen gestellt habe. Die liebreiche Papistin wollte für ihr Anathema uns zu recht gründlichen Ketzern machen, scharfsinnig berechnend mit ihrer Philosophie, wohin erzwungener Erbglaube zuletzt führen muß. Und der Adel begriff, auch ohne Philosophie, das gute Verhältnis zwischen dem kirchlichen Erbglauben und der Erbmeinung, welche die ererbten Vorrechte für rechtlich hält. Beide fügten sich in das Witzwörtchen: kindlicher Glaube an Überlieferung.

Mit Bedauern sahn wir, wie jetzt adlige Unart auch in Stolbergs herrliche Kinder drang. Ich mußte zum Vater gehn mit der Klage: »Ernst und Andreas sind an Geist und Herzen so gut, als ich sie wünschen kann; sie müßten an Kenntnis und Aufführung die besten in meiner Schule sein; sie sind die schlechtesten.« – »Woran liegt das?« – »An der häuslichen Erziehung. Sie leben in Pracht und Üppigkeit, hören unvorsichtige Laute von edlerer Geburt, die ohne Kopfanstrengung zu Ehren führt, werden bedient vom Lakai und vom Hauslehrer, Mietlingen für sie; Unfleiß und Mutwille wird von diesem mit Scheu getadelt, von jenem bestärkt; die armen Kinder werden mit den besten Anlagen verjunkert.« St. ward nachdenkend und versprach Besserung. Die kleine Julia, die häufig bei meiner Frau war, fragte: »Warum, Ernestine, stopfst du Strümpfe? Das tut Mama nicht.« – »Die überläßt es Hannchen und tut was anderes.« – »Ah! nu weiß ich, du bist so eine Art Baurenmensch.« – Dies erzählte meine Frau der Mutter, sie zu warnen vor dem verderbenden Gesinde. – »Oh«, sagte die Gräfin, »das Kind hat Ihnen ein Kompliment machen wollen; die Unschuldige kennt nichts Ehrwürdigeres als den Baurenstand.« – So keimt Menschenverachtung auf, so adliges Ehrgefühl! Der Vatersegen, womit Gott sein junges Geschlecht, als es untätig auf Torheit fiel, aus Edens Lustgarten entließ: Im Schweiß deines Angesichts sollst du dein Brot essen! wird als Fluch für Unadlige betrachtet. Gegen des Apostels Gebot will der Adlige nicht arbeiten, aber essen vollauf, was der Arbeitende mit Schweiß erstreben, mit bitterer Not erdarben soll.

Im Sommer 1797 starb Bernstorff, betrauert vom ganzen Lande wie vom Könige. Sein letzter wohlwollender Gedanke war, die Formeln und Gebräuche des öffentlichen Gottesdienstes zu verbessern für die Bedürfnisse des helleren Zeitalters. Er hatte, seiner Gewohnheit nach, selbst untersucht, ja die Anordnungen der auf bloße Vernunft sich beschränkenden Theophilanthropen geprüft und, wie man behauptete, die Gedanken Lavaters. Die Ausführung übernahm der Generalsuperintendent Adler, nicht ohne den Wunsch, sagte man, noch mehr Reife der Zeit, nämlich bei den Höheren, abzuwarten. Mein Freund Hensler wollte gerad aus Kopenhagen abreisen, als Adler mit der Ausarbeitung dahin unterwegs war; Bernstorff sprach warm für die Sache und wünschte den Universitätsfreund, der zuerst Theologie studiert hatte, noch zu halten zur Mitberatung. Die Bernstorff-Adlerische Agende, geprüft und genehmigt vom Gen.-Sup. Callisen und beiden Oberkonsistorien der Herzogtümer, erschien im Dezember 1796, mit dem Königlichen Befehl, sie bald einzuführen, doch ohne Anstoß für die Schwachen. Bernstorff starb vor der Einführung. Ihm folgte sein Tochtermann Cai von Reventlow, und dessen Bruder Friedrich von Reventlow in Emkendorf ward bald darauf Kurator der Universität Kiel und Oberaufseher des dortigen Schulmeisterseminars.

Der münstersche Samen war zu Emkendorf nicht unter Dornen und Kies gefallen, günstige Witterung trieb ihn zu fröhlichem Gedeihn. Mein Brief an Gleim vom 19. November 1797 enthält: »Stolberg kömmt in drei Tagen aus Emkendorf von Graf Reventlow zurück. Ich bered ihn, diesen Winter an seinen Aeschylus zu gehn. Er übersetzte daraus im Winter 1782–83, in dem ersten Jahre, da wir hier miteinander wohnten, da er des Abends in unsere kleine Stube mit dem noch feuchten Bogen zu stürmen pflegte, da er einst in die gleich armselige Nachbarshütte des Maurers sich verirrt hatte, da Agnes zu meinem Klavierspiel sang, da sie dem Spott der Hofleute zum Trotz immer traulicher ward, da so vieles anders war.« – Nicht für Aeschylus und Agnesempfindungen gestimmt, kam Stolberg aus dem hochadligen Emkendorf. Jetzo galt's, das Herkömmliche, den rechten Glauben an Überliefertes, mit Macht gegen Neuerungen zu verteidigen. Auf die *Neue Kirchenagende* war der erste Stoß abgezielt.

Dem königlichen Befehle mit Bernstorffs Unterschrift gehorsam, hatten mehrere Prediger in den Herzogtümern die Agende mit schonender Behutsamkeit, hier ganz, dort zum Teil, eingeführt; und nirgends ward mehr als in solchen Fällen gewöhnliche Krittelei einzelner Klüglinge bemerkt. Ja, lange vorher, um den Anfang der Siebziger, hatte mein Schwiegervater Joh. Friedr. Boie (mein Vorbild zu dem Pfarrer von Grünau) zuerst als Hauptpastor in Flensburg, dann als Propst, den Bedürfnissen seiner Gemeine gemäß, ohne Vorfrage, ohne Aufsehn, die Formen des öffentlichen Gottesdienstes veredelt für den Geist und für die Andacht geheiliget. Seine Veränderungen im Kirchengebet, seine kernhaften Formulare bei Taufen und Trauungen, seine reichhaltigen, herzerweckenden Predigten über selbstgewählte Stellen der Bibel, nach Ablesung der vorgeschriebenen, fanden so allgemeinen Beifall, selbst unter Greisen und Greisinnen, daß seine Kirche gedrängt voll war, daß für die Besucher aus der Nordgemeine neue Stühle gebaut wurden, daß Landleute und sogar Juden in den Winkeln horchten. Auch in den Mittwochspredigten für den Kinderunterricht war die Kirche gefüllt. Nach einer lehrreichen Homilie im Volkston ging er von der Kanzel zu den 80–100 Kindern, die im Gange gereiht standen, fragte auf und ab gehend und knüpfte daran irgendein Stück des Katechismus, zuerst hochdeutsch, allmählich, wie er mit den Kindern sich erwärmt hatte, in der sassischen Herzenssprache, die er, ein Dithmarscher und Nachkomme von Luthers Freunde Nicolaus Boie, erstem evangelischen Prediger zu Meldorf, in alter Reinheit, nicht zu gemeinem Plattdeutsch entstellt, redete. Dann drängten sich die Alten an den Gang, dann öffneten sich die Stühle, Männer und Weiber traten hervor und antworteten mit den Kindern. Ähnliches mit ähnlichem Erfolg versuchten mehrere, wie der alte, fast taube Landprediger Oest, der, ein weitverehrter Patriarch, hellere Kenntnis der Christuslehre, und dadurch Sittlichkeit, ausbreitete. Ein hohes Verdienst der Bernstorffischen Agende war, daß sie den Seelenhirten, die, was ihrer Herde zuträglich sei, wußten und redlich wollten, freiere Amtsführung gab.

Im Dezember 1797 erschien eine königliche Verfügung, unterzeichnet von Cai Reventlow. Diese verwies den Predigern Eilfertigkeit, befahl ihnen, den Wunsch der Gemeinen zu befolgen, und machte sie für etwanige Unordnungen verantwortlich. Bald darauf, als ob schon Unordnungen da wären, erklärte im Januar 1798 eine neue königliche Verfügung: Man werde nicht zugeben, daß *eine andere Religion* gelehrt werde als aus der Bibel geschöpftes evangelisches Christentum; man wolle dem Gewissen keinen Zwang auflegen durch die Agende; die sei das Werk einsichtsvoller und rechtschaffener Männer, die sich gewiß bestrebt, daß sie nichts der Religion Jesu Unwürdiges enthielte; auch werde sie von vielen für lehrreich und erbaulich geschätzt; doch möge jede Gemeine, der die bisherige Form des Gottesdienstes annoch lieber sei, dabei bleiben bis auf nähere Anordnung.

Die aufgerufenen Gemeinen nun übernahm Fritz Stolberg zu bearbeiten durch ein namenloses Heft: »Schreiben eines holsteinischen Kirchspielvogts über die neue Kirchenagende«, Hamburg, 1798. Diese auf handfeste Bauren berechnete Schrift flog bald nach dem Anfang des Jahrs umher und kam vielen unbemerkt ins Haus. Für den Verfasser ward Claudius gehalten; der verkappte Kirchspielvogt schalt auf die »schnöde und hämische Verunglimpfung« und drohete (was unerfüllt blieb), »zur Beschämung der Schreier« sich selbst öffentlich zu nennen: S. Hennings »Asmus.« In dem Schreiben behauptet der Kirchspielvogt: Die Agende, ein Werk Adlers, sei weder mit dem Augsburgischen Bekenntnis einstimmig noch mit unserer alten Bibel; neue Lehren wolle man widerrechtlich dem Volk aufdringen; dies zu tun, sei Bernstorff, der Vollzieher der königlichen Macht, überrascht worden, zur Freude einer »politisch irreligiösen Propaganda«. –

Welch ein Beispiel! Ein herrschender Familienbund erklärt den gemeinen Mann für den Summus Episcopus, dem es zukomme, Bernstorffs mit den ersten Geistlichen beratene und vom Könige zum Gesetz erhobene Anordnung in Kirchengebräuchen nach Willkür als Erschlichenes, als Aufgedrungenes abzuweisen, ja über Augsburgisches Bekenntnis und Bibel zu entscheiden! Die vorgeworfenen Ketzereien wurden aus der Agende von mehreren widerlegt, am vollständigsten von Theodor Ernst im Schreiben an Vetter Andres 1798. Zu des Kirchspielvogts Aufruf gesellte sich ein witziges Spottlied, »Die aufgeklärte Welt«, und in der Baurensprache ein Pasquill; sie wurden heimlich verbreitet und, wie verlautete, auf den Gassen verstreut. Die neue Agende trug ein Amtsbote im Beutel herum, den er in Dorfschenken vor den Bauren hinwarf mit den Worten: »Hier kömmt der neue Glaube!« Der Prediger mußte den Kätner fragen, ob ihm Altes oder Neues gefällig sei, und nicht mucksen, wenn der den Teufel aus seinem Jungen verbannt wissen wollte. Unruhige Köpfe sammelten Stimmen für das Alte, die Verständigen übergehend; mehrere Prediger erfuhren Grobheit und Verfolgung; wenige, ihres Berufs unwürdig, eiferten mit für den veralteten Schlendrian, aufgemuntert von dem schleichenden Callisen. Man vergleiche, was der plönische Amtmann Hennings und der ehrwürdige Oest, ein Achtzigjähriger, hierüber gesagt.

So sorgte man für des Landes altgläubiges Luthertum. Auf der Universität Kiel es herzustellen, berief man, als überzähligen Doktor der Theologie, den Rektor Kleuker, den »redlichen Denker« im Sinne der Gallitzin, die ihn begünstigte, und Stolbergs. Er kündigte gleich eine Vorlesung an »ad sui propria dictata« oder »ad sui proprium compendium«. Mancher schüttelte den Kopf über des Rektors Latein, bis einer »sui« als Dativ rechtfertigte. Ich habe diesen Denker einmal in Jacobis Hause denken gehört. »Der Protestantismus«, sagte er, »führt zur Demokratie, der Katholizismus zur Monarchie.« – »Sie meinen«, antwortete Jacobi, »wo die Religion nicht die Vernunft unterdrückt, da wird man vernünftigter, für das ganze Volk heilsamerer Einrichtungen sich befleißigen als anderswo; solche aber bestehn mit jeder Verfassung, die entweder ererbt ward oder gewählt aus ganz anderen als Religionsgründen.« Er erinnerte an so viele protestantische Monarchien, wo das Volk nach Gesetzlichkeit, nicht nach Demokratie trachtet; an katholische Republiken, die nichts weniger als Monarchie verlangen. Umsonst. Kleuker konnte sich nicht herausdenken aus dem Credo: »Der Protestant will Demokratie«, welches ein protestantischer Fürst beherzigen mag; und »der Katholik wünscht Monarchie«, deren Stütze[5] bekanntlich der Adel ist.

Von dieser Zeit an wurden auch die Zöglinge des Cramerschen, von Müller geleiteten Schulmeisterseminars nicht nur dünkelhafter Vielwisserei, sondern ketzerischer Religionsbegriffe verdächtig gemacht. Ehlers erzählte mir, er habe eine Schrift, die unter dem Adel herumschleiche, gelesen, aber nicht abschreiben dürfen: eine Anforderung, keinen Schulmeister aus dem Seminar zu nehmen, vielmehr den Unterricht auf Katechismus und etwas Lesen und Schreiben zu beschränken, damit der Bauer nicht zu klug würde. Auch im Münsterschen ward damals, wie die Rede ging, das verständige Schulbuch Overbergs und der Gallitzin wieder abgeschafft. Stolberg konnte hierbei weniges; das aber leistete er. Eutins

---

[5] Den eitelen Ruhm, der Adel sei Stütze des Throns, Schutzgürtel des Fürsten, Damm gegen das anwogende Volk, widerlegt Klüber in der »Übersicht der Wiener-Kongreß-Verhandlungen«, S. 236–243, und erklärt Montesquieus Ausspruch: »Point de monarque, point de noblesse; point de noblesse, point de monarque; mais on a un despote.« Wenn einmal der Adel dahinterkommt, was der edle Montesquieu meint – man schilt auch ihn Illuminat und Jakobiner!

edler Fürst wollte Verbesserung der Schulen auf den Gütern, heitere Schulhäuser mit zwei Lehrstuben für Geistesbildung und Handarbeit, dabei Garten und Feld und anständiges Gehalt. Den Auftrag vernachlässigte St. so, daß der Graf Holmer sich mit bitteren Klagen an mich wandte: unser Freund tauge zu keinem Geschäft, aber für dieses habe man ihm doch Begeisterung zugetraut; ob ich ihm vielleicht einen Schwung geben könnte? Ich mußte mich entschuldigen.

Die sanfte Miene der Duldsamkeit, wodurch die Fürstin Gallitzin ihren Leo ins Garn gelockt und auch heller Sehende getäuscht hatte, verschwand allmählich in das liebreiche Grinsen der Hierarchie, wann sie Ketzer dem Tode weiht, aber, um ja kein Blut zu vergießen, lebendig verbrennt. Davon ein starkes Beispiel.

Claudius, der Edle in des geadelten Schimmelmanns Wandsbek, verehrt und geliebt von der reichen Schimmelmannischen Familie und deren Sippschaft, mußte Not leiden. Not, mit Frau und vielen Kindern, beugte den hochsinnigen; kleine zufällige Geschenklein, Tropfen für den Durst, forderten jedes sein besonderes: großen Dank. Als von Not und Dankbarkeit niedergedrückt, Claudius, in der Schrift über die »Neue Politik«, die Natürlichkeit adeliger Vorrechte durch das Gleichnis, »in einem großen Hause sein goldene, silberne und irdene Gefäße, etliche zu Ehren, etliche zu Unehren«, dem Familienbunde zu vollkommener Zufriedenheit erklärt hatte, da ermahnt ich dich, Gutmütige, die diese Blätter mit Schmerz, aber ohne Zorn gegen den Urheber lesen wird: »Ihr freut euch des lieben Claudius und seiner Hingebung; bestimmt ihm doch zu der ärmlichen Einnahme ein Gewisses, wovon er notdürftig lebe; die fromme Julia, schwerreich und kinderlos, könnt es allein; ihre Schwester, ihr wohldenkender Bruder, könnten es allein; wie leicht, wenn jeder von euch sein Scherflein zusammenlegt!« – Etwas, meint ich, wäre geschehn.

Ein Sohn von Claudius kam nach Heidelberg. Eines Abends erzählt ich ihm viel von unserem alten Wandsbeker Verkehr, im Jahr 1775, als noch der Bote ging, von unserer bei Armut unverwüstbaren Lustigkeit, von den Schnurren, die wir miteinander ausgeheckt, von den arkadischen Hausfesten und den Schmausen aus dem Stegereif, wann wir gemeinsam ein paar Schillinge aufbrachten zu Karbonade und Kaltenhöfer Bier und, mit Rebekka schäferlich im

Garten, auf der ungeheueren Tafelrunde gelagert, hochlebten unter dem gestirnten Himmel. – »Trinkt Ihr Vater noch Kaltenhöfer?« – »Nicht mehr.« – »Also Wein für den schwachen Magen?« – »Noch weniger; er hat nichts als Wasser!« – Dies erzählt ich in den letzten Notjahren einem unadligen Ehrenmann vom Rhein, der darauf bei einigen Schmausen, nach Absingung des Rheinweinliedes, die versammelten Kaufleute und Fabrikanten durch die Erzählung rührte und mehrere hundert Taler, ohne zu melden woher, nach Wandsbek sandte.

In den höchsten Nöten schrieb Claudius einen neuen Asmusband, die letzten zum Teil mit umwölktem Geist, mit schwermütiger Gottseligkeit, mit erzwungenem Witz, mißlaunisch und vergrämt. Weil solche Arbeit seine Gesundheit angriff und doch wenig fruchtete, so entschloß er sich, Fénelons Erbauungsschriften zu übersetzen. Er bat die Gallitzin durch ihre Tochter, den Absatz unter den Katholiken zu befördern. Die Fürstin ließ antworten: Von einem, der im fünften Teile des »Asmus« über Johann Hus so protestantisch geurteilt hätte, müßte sie eine ähnlich gesinnte Vorrede befürchten. Die treulose Verbrennung des edlen Hus nennt Claudius dort S. 75 mit seiner Milde »eine nicht großmütige Begegnung, die jeder gute Katholik mißbillige«, und fügt hinzu: »wir haben an allen Seiten zu vergeben und zu vergessen«. Ein so friedfertiges Zutraun zur Mißbilligung war empörend für die Gallitzin; und wenn Stolbergs Wunsch: »Heb, o Gesegnete des Herrn, auf deinen Schwingen mich empor!« ganz in Erfüllung ging, wie mag er seine vormalige Mißbilligung gebüßt haben? Was tat Claudius? Sein edleres Selbst loderte voll Unwillens auf, er wollte nun eine recht protestantische, gegen den heillosesten Wahnsinn protestierende Vorrede schreiben; und – guter Claudius! – er schrieb eine, womit die Fürstin zufrieden war.

Bei jenem aufwiegelnden Agendenrumor, bei den Verabredungen des Angriffs in dem geistreich schwärmenden, geistreicher berechnenden Emkendorf, bei dem hitzigen Briefwechsel mit den Verbündeten, bei der Schadenfreud am Erfolg, bei dem Ärger am Widerstand, am Mißlingen, bei dem Wechsel von Scham und Ingrimm, sooft Gewissen und guter Leumund warnte, bei allen den menschenfeindlichen Aufwallungen konnte Friedrich Leopolds von Natur weiches und edelmütiges Herz unmöglich sich wohl fühlen.

Hätten Bürgerliche so gegen Gesetz und Ordnung das niedrige Volk aufgeregt, mit gerechtem Zorn hätt er sie Jakobiner und demagogische Verschwörer genannt. Wie oft in jenen stürmischen Monaten, da der schälkische Kirchspielvogt noch unenthüllt war, da mir keine Ahnung von dem Urheber des schmählichen Vergehns vorschwebte, hab ich des armen Stolbergs fliegende Röte und bedenklichen Schwindel als Freund bedauert!

Im Anfang des Junius 1798 begann Stolberg eine Reise nach Karlsbad, mit seiner Gemahlin und den zwei Agnessöhnen. Was der Vorwand war, warum die, einer fünfzehn, der andere elf Jahre alt, ohne Beschäftigung mitschlenderten, weiß ich nicht mehr. Kurz vorher hatte sein von der Gallitzin bespöttelter Hauslehrer ein Amt gefunden. Stolberg klagte mir seine Verlegenheit: Aus Münster empfehle man ihm einen französischen Geistlichen von den Ausgewanderten; aber ein Franzose sei ihm widerlich und vollends ein Pfaff ohne gründliche Kenntnis des klassischen Altertums, die dort nur Jesuiten gehabt hätten. Dergleichen ließ ich schon längst hingehn und erwartete den Pfaffen.

Gegen Ende Septembers, nachdem ich durch eine ruhige Brunnenkur mich gestärkt hatte, kam Stolberg zurück und der Pfaffe mit. Der evangelische Kirchspielvogt, der so geeifert für echt Augsburgisches Luthertum, vertrauete die Erziehung seiner evangelischen Kinder einem papistischen Geistlichen! Er, dem im Anfang des Jahrs 1798 bei der Gefahr für die Augsburgische Richtschnur des Bibelglaubens, seinen Trost im Leben und im Tode, das Herz blutete, wenn er seine evangelisch getauften und evangelisch unterrichteten Kinder vor sich sah («Kirchspielv.« S. 5.): der übergab sechs bis acht Monate darauf seine Kinder einem den Bürgergehorsam weigernden, ganz von Rom abhängigen »Priester Gottes«! Wer diesen Pfaffen aus Münster ihm zugeführt, weiß ich nicht; gewiß ein münsterscher Apostel, wenn nicht, wie ich meine, die Gallitzin selbst. Stolberg hatte von Karlsbad aus mehrere Herrnhuter Gemeinen besucht; man ließ ihm großmütig die Wahl, ob er links oder rechts aus dem argen, sich zugrunde protestierenden Gomorra entfliehn wollte; und sein Herz trieb ihn links. Nach der Heimkehr traf sein jüngerer Sohn einen Mitschüler auf der Gasse: »Wir haben«, sagte er, »einen seltenen Vogel mitgebracht, einen so großen schwarzen Kolkraben mit gelben Klauen, die er immer zusammenkrallt! Willst du ihn sehn?« Er führte den Mitschüler in die Stube, wo der geistliche Herr, sein Frongebet leistend[6], auf den Knien lag, und winkte schelmisch nach ihm. Grade einen so düsteren Mann mit wütigem Andachtsblick, alles Welttandes entäußert, in sich gekehrt und vergeistlicht vom Herzen bis zur Haut, hatte die sinnige Gallitzin auserkoren für Stolbergs verwilderte Phantasie.

Bald folgte ein sehr ernsthafter Auftritt zwischen Stolberg und uns, den ich aus unseren Briefen an Gleim melden will.

Am 23. Sept. 1798 schrieb meine Frau:»Stolberg kam Mittwoch heim; wir merkten gleich, daß er nicht heiter war, aber wir nahmen es für das Gewöhnliche und seufzten nur. Freitag rief er mich in den Garten: Er habe schon lang etwas auf dem Herzen, was ihm das Leben verbittere; er habe deshalb schon seinen Platz in Eutin aufgeben wollen, aber das könne er nicht ausführen; nun solle ich es anbringen bei Voß. Er könne seine Kinder nicht länger in der Schule lassen, weil bei Erklärung der Alten manches vorkomme, was seinen Grundsätzen entgegen sei; so ungern er V. kränken möchte, seine Kinder müsse er retten. – Natürlich hatte V. nichts dawider; nur mußte er sicher sein vor leisem Geklätsch und einer neuen Ketzergeschichte. Was für andere Grundsätze sollte er gelehrt haben, als die, welche St. aus manchem weitläuftigen Gespräche genau kannte, da er ihm die Kinder nicht bloß anvertraute, sondern aufdrang? Da mußte der arme V. einen großen und ernsten Kampf bestehn. Solche Freundlichkeit auf der Lippe und das Herz voll Galle! Daß die Kinder, besonders der Kleine, so viel Liebe für V. haben und so viel Freude an seinem Unterricht, dadurch, meint Stolberg, werde sein Gift noch gefährlicher.«

Dann von meiner Hand. »Und dieses Gift, mein Vater? Ich habe mit Erstaunen gehört, was für Gift ich mische. Was St. in meinen ›Mythologischen Briefen‹ als alte Behauptung, selbst der Kirchenväter, gelesen hat, das hab ich in der Schule gelehrt: daß, wie die Menschen allmählich verständiger und besser wurden, sie auch die

---

[6] Solches Gebetplappern beschreibt Geiler von Kaisersberg mit Laune. »Dem Häslin stond die Lefzen nimmer still, und allwegen mufflet es mit den Lefzen. Also tut auch ein Klostermensch, er mufflet allwegen, das ist, er betet.« Dieser helldenkende Katholik warnet vor unmäßigem Abbeten, Fasten und dergleichen: »Dadurch wird der Mensch ein Phantast, trurig und zornweh.«

Gottheit sich immer weniger unvollkommen gedacht. Abraham, Isaak, Jakob, Joseph, mit mancher tadelnswürdigen Eigenschaft, waren gut nach Begriffen der Zeit, wie Salomon der weiseste Fürst, weil er Rätsel zu lösen wußte; als Beispiele der Nachahmung werden sie uns nicht aufgestellt. Abraham, hab ich gesagt, meinte es gut, da er auf eine Eingebung, die ihm göttlich schien, auf eine Stimme, wie es ihm vorkam, ein Gesicht, einen Traum – den eigenen Sohn schlachten wollte. Aber die Tat selbst war nach reineren Begriffen nicht gut; und das höchstgute Wesen, welches wir Gott nennen, kann nichts anderes befehlen, als was gut ist; nur morgenländischer Sklavensinn kann wähnen, des Sultans Befehl mache das Böse gut, das Unrechte recht, weil er Herr sei. Grade wie Abraham hatte damals ein schwärmerisch frommer Mann in dem eutinischen Orte Schwartau mit guter Absicht Böses getan. Er hatte auf Gottes Ruf, wie er standhaft behauptete, seiner auch an den Ruf glaubenden Frau und Tochter, nach andächtiger Vorbereitung im Sonntagsschmuck, die Köpfe auf einem Block abgehackt und darauf durch vereitelten Selbstmord, rein mit den Reinen, in den Himmel zu gehn versucht. Unseren Rechtsbegriffen gemäß ward er als Irrsinniger behandelt. Diese Geschichte hatte der kleinere Agnessohn dem Vater entgegengestellt, als der seinen Kindern Abrahams vereitelte Tat wie erhabene Frömmigkeit einpredigte. Der Vater polterte mir vor, er habe, weil die Kinder so an mir hingen, sie nicht einmal überzeugen können, daß man für Gott, der ja Herr unsres Lebens sei, und um Gottes willen schlechterdings alles tun müsse, auch den einzigen Sohn opfern.

Mein zweites Gift ist: Ich habe, was Stolberg in meinem Kommentar zu Virgils Lb. I, 502 von Abbüßungen durch Opfer gelesen hat, auch in der Schule gelehrt. Diese unvollkommenen Begriffe der Vorwelt, sagt er, haben die Söhne auf die Lehre vom Weltopfer angewandt. – Mit Äußerungen, die der Schwache, weil er sie nicht faßt, mißdeuten kann, bin ich sehr vorsichtig. Wenn also der eifernde Vater recht gehört hat, so haben die Kinder für sich gefolgert; und der Vater hätte des kindlichen Strebens sich freun, aber das Unrichtige der Schlußfolge mit ruhiger Besonnenheit zeigen sollen.

Auf solches Gift, welches ich, wähnend, es sei Heilbalsam, in meinen Schriften niedergelegt, machte ich Stolberg aufmerksam, als er die Söhne mir durch eine vorige Verketzerung Gewarnten aufdrang. Und jenen Kommentar, dessen Gift er mir früher sehr feierlich vorgerückt hatte, gab später er selbst seinen Söhnen in die Hand, der unstete Wirbelkopf.

Aber Gift oder Heilbalsam. Nur *der* Beschuldigung wollte ich vorbaun, daß ich, ein *heimlicher* Giftmischer, das Vertraun des Vaters getäuscht habe. Was ich lehre, hat er gewußt; ich bin mir gleich geblieben, aber nicht er. Nach vielem Wortwechsel, und als er sogar auf den Inhalt des dreistündigen Gesprächs sich nicht besann, durch Stellen der »Mythologischen Briefe« und des Kommentars, und durch einen von ihm gelesenen Brief an Holmer, zum Stillschweigen gebracht, bequemte er sich endlich zu dem lauen Geständnis: nun ja, er habe alles vorher gewußt.

Die mit der römisch-katholischen eng verbundene Lavatergemeine läßt nun auch den düsteren Kleuker in Kiel dunkeln. Dunkelt ihr nur, ihr Toren! Gottes Sonne ist aufgegangen und wird leuchten und erwärmen!«

Dann wieder von meiner Frau: »Gestern, als Stolberg meinem Mann anzeigen mußte, was die Kinder denn Schädliches in der Schule gehört, sagte er noch, es wäre manches andere, worauf er sich nicht besinnen könne. Dies ›manches andre‹ weiß ich anderswoher. Voß hat zuweilen über Werkheiligkeit[7] , Bilderdienst und die verderbliche Lehre einer alleinseligmachenden Kirche gesprochen, und zwar in Beziehung auf den kleinen Andreas, dem die Fürstin und ihr Geistlicher in Gegenwart seiner Eltern zuredeten, ein Heidenbekehrer zu werden. Dann hat Voß gesagt, Geburtsadel allein gebe kein Vorrecht vor andern, man müsse sich selbst hervortun

[8] – Ach, daß unser Glück, den lieben Voß durch den Brunnen gestärkt zu sehn, so gestört wird! Er hatte wieder die alte Freude an

---

7 Bei dem Tadel der übelverstandenen Werkheiligkeit hatt ich von einem Diebanführer erzählt, der zu Eutin im Verhör bekannt habe, wenn was Großes geschehn solle, ein gefährlicher Einbruch oder ein Kirchenraub, so geh er vorher mit den Genossen zu Gottes Tisch; man fühle sich leichter und sicherer des Gedeihns, wenn man den Herrgott zum Freund habe.

8 Wohl tat Stolberg, daß er sich hierauf nicht besann. Er hätte sich auch auf unsere alte Erörterung der Vorrechte besinnen müssen und auf das Lied im M[usen] Alm[anach] für 1796, das die selbige Ermahnung enthält:

seiner Arbeit, in und außer der Schule, er machte weite Spaziergänge ohne Entkräftung. Gott gebe, daß nicht dieser Sturm ihn zurückwerfe!«

Stolbergs laues Geständnis, daß ich nichts Heimliches, nichts ihm Unbekanntes gelehrt, ging mir im Kopf herum. Es war, als bedauerte er die entschlüpfte Gelegenheit, seiner jetzigen Religion den Ruf meiner Redlichkeit zu opfern, seinem ungöttlichen Gotte zu Gefallen den vielfältig erprobten Freund mit gleichsam zurückzuckender Hand – anzuschwärzen. Vorher hätt er mir gern eine wohlverdiente Kränkung erspart; er faßte den großmütigen Entschluß, seine Präsidentschaft, das heißt dreitausend Taler für Wenigtun, aufzugeben, wenn er nur könnte. Und jetzt, da ungekränkt mein Name sowohl wie seine Präsidentschaft, bestehn durfte, war er so lau, so verstimmt! Eine gefährliche Verstimmung! Denn wem das Andenken des dreistündigen Religionsgesprächs und des sehr umständlichen bei der Annahme seiner Kinder so erloschen war, daß es durch unableugbare Urkunden, gedruckte und geschriebene, mußte aufgefrischt werden, dem konnte nach kurzer Frist auch das letzte Gespräch, samt der kaltsinnigen Einräumung, entschwunden sein.

Meiner Rechtfertigung sicher zu sein, fragte ich Stolberg schriftlich, wir wären doch eins, daß, wenn seine Kinder bei mir etwas ihm Anstößiges gehört hätten, er nicht mich anklagen müßte, sondern sich selbst, der meine Grundsätze vorher gewußt? Seine Antwort war ausweichend. Ich bat noch einmal in den einfachsten Ausdrücken um gewissenhafte Bezeugung meiner Unschuld; dann ging ich mit meiner Frau in den Garten, des guten Erfolgs gewiß. Statt einer schriftlichen Antwort kam Stolberg selbst. Ich ging ihm mit Vertraun entgegen und erschrak, als das grimmige Gesicht mich

---

Der Adel unter Tieren
  Ist Klau und Zahn:
Wir gehn nicht mehr auf vieren
  Wie euer Ahn, –
Wir nahn der Menschentugend
  Mit kühnem Schritt.
O geht, ihr edle Jugend.
  O geht doch mit!
•
•

andonnerte: »Wie verlangen Sie denn Ihr Zeugnis? Auf gestempeltem Papier? mit dem Petschaft darunter?«

Diese Anrede, die mir schon dunkel war, meld ich aus dem Munde meiner Frau, das übrige aus ihrem Brief an Gleim.

Sie schrieb ihm am 7. Okt. 1798: »Noch einen schrecklichen Sturm haben wir seit unserem letzten Briefe gehabt. Voß mußte der Nachrede wegen von Stolberg eine deutliche Versicherung haben, daß seine Kinder in der Schule nichts anderes gehört hätten, als was, nach so manchem Gesprochenen und Geschriebenen, er selbst hätte erwarten müssen. Diese erbat er sich in einem sehr sanften Billett; und da Stolbergs Antwort auswich, noch einfacher. Da kam St. in den Garten zu uns und war ganz außer sich. Weit entfernt, sein voriges Geständnis zu bekräftigen, rief er wiederholt, er klage sich keineswegs an, daß er seine Kinder zu V. in die Schule gesandt, denn er habe ihm was anderes zugetraut; sondern einzig, daß er sie ihm noch gelassen, nachdem er schon Kenntnis gehabt vom getäuschten Zutraun. V. mit der größesten Sanftmut erinnerte ihn von neuem an die Beweise, daß er ihm nie seine Grundsätze verhehlt habe. St. voll unbändiger Wut war zuweilen im Begriff zuzugeben, aber gleich sprang er wieder ab. Seine Schwester kam dazu; die war erstaunt, daß er eine so billige Foderung nicht begriffe. So gingen sie fast eine Stunde im Garten. V. war sehr tief gerührt; das rührte auch St. auf Augenblicke; dann tobte wieder die Wut, daß er die bittersten Dinge von der Welt aussprach. Mich überwältigte das Gefühl, ein solcher Stoß könnte für V. tödlich sein; er war ganz blaß[9] . Rasch trat ich hinzu, faßte beide an der Hand und sagte: ›Ihr sollt und müßt euch trennen; Freude habt ihr einander lange nicht mehr gegeben; hört auf, euch das Leben zu verbittern.‹ St. stutzte und besänftigte sich; wir standen beieinander stumm und tief bewegt. Trennung wollte St. nicht gern, des Aufsehns wegen; aber wir beide bestanden darauf. Denn selbst in dem Augenblicke der Rührung vermochte er nicht, seinem alten Freunde zu sagen: Ich habe nie Ursache gehabt, eure Redlichkeit in Zweifel zu ziehn. St. ging und

---

[9] Mir zitterten die Knie, und ich fühlte mich schwach. »Schonen Sie mich«, sagte ich, »Sie haben mich dem Tode schon einmal nahe gebracht!« St. achtete nichts. Da trat die Retterin zwischen uns.

sprach zurückblickend: ›So sehn Sie mich denn nun als einen Abge-
schiedenen an.‹

Den folgenden Tag schickte er seine Schwester zu mir, ich möchte
V. sagen, er gäbe die Versicherung von Herzen; aber Trennung
wäre ihm unerträglich; er wollte gleich zu V. kommen, wenn ich
einwilligte. Das verbat ich für die ersten Tage. Den zweiten kam er
selbst, als V. in der Schule war; er weinte und hörte alles gelassen
an, was ich ihm über die Beleidigung dessen, dem er Ehre und
Dank schuldig wäre, mit Wärme sagte. Er bereuete und bat: ›Nur
keine Trennung!‹ –, ›Keine auffallende‹, sagte ich, ›ist alles, was wir
gestatten dürfen; dem alten St. zuliebe, wollen wir uns manchmal
sehn, aber äußerst selten. Sie sollten doch fühlen, daß wir bei unserer Religion ruhig und heiter sind und uns mit Ihrem stürmischen
Mißmut nicht länger beunruhigen. Wie oft haben Sie den sanftmü-
tigen Freund, selbst den schwer leidenden, ohne Schonung miß-
handelt; wie oft ihm, der alle Gelegenheit zum Zanke mied und
auch in der Abwehr sich mäßigte, durch die härtesten Äußerungen
über Andersmeinende und durch die ungemessensten Ausdrücke
zugesetzt!‹ Er weinte viel und schalt selbst auf seine Hitze. ›Auch
unsre Kinder‹, sagte ich, ›müssen seltener miteinander umgehn;
denn auch im häuslichen Leben können sie leicht etwas Anstößiges
hören; und dieser Sturm soll und muß endlich der letzte sein.‹ Er
war äußerst sanft und gerührt.

Den Tag darauf erwartete St. seine Nichte Luise Bernstorff, die
wir sehr liebhaben. Er fragte bittend, da sie nur einige Stunden bliebe, ob er sie zu uns begleiten dürfte? Ich versprach Antwort auf den
Abend. Bei der Antwort, V. würde ihn gern sehn, ward er sehr gerührt. Am Morgen sagte Voß: ›Wir wollen heute Mittag bei St. essen, damit er sich überzeuge, daß ich keinen Groll hege.‹ Heinrich,
den ich uns zu melden gesandt hatte, war ganz verwundert: So
habe er Graf St. noch nie gesehn; der habe ihn erst angekuckt und
gesagt: ›Was ist das?‹ Dann habe er gerufen: ›Ach Gott! sie wollen
hier essen?‹ Dann habe er ihm die Hand gedrückt und ihn in Ver-
wirrung die Treppe hinabbegleitet bis zur Haustür. St. kam gleich,
mir seinen Dank zu bringen; ich lehnte ihn ab, denn der Gedanke
gehe von V. aus. Da brachte er dem seinen Dank mit Tränen; und
wir aßen miteinander so unbefangen wie sonst.

Jetzt kommt er zuweilen auf eine halbe Stunde, ist aber stets in sichtbarer Bewegung. Die Welt wisse nichts von dieser Trennung; wir schreiben keiner Seele davon als unserm teuern Alten, der uns tröstet und aufrichtet. Erheiternd ist das Vorgefühl häuslicher Ruhe; wir sind nun wohl sicher vor der Angst, die Stolbergs Fußtritt uns brachte, vor dem ausgeschütteten Zorn und Eifer und den Nachwehen für den ganzen Abend. Ein Glück, daß V. seine Gesundheit durch den Brunnen gestärkt hatte für solchen Stoß! Er macht weite Spaziergänge, arbeitet mit Lust und ist am Abend, wenn wir für uns bleiben, die Heiterkeit selbst. Könnten Sie doch einmal lauschen, wie Heinrich dann mit dem Vater sich unterhält! Für mich ist es ein wahrer Genuß. Kein Lehrer hatte wohl allgemeinere Liebe bei Eltern und Schülern; und der mußte *so was* erfahren, von Stolberg! Ich habe V. fast nie so innig bewegt gesehn als in den drei Tagen des Sturms; Sie können sich denken, was ich gelitten habe.«

Keine Entschuldigung des weitläuftigen Auszugs für Mitfühlende! Unser schönes, einst so ruhiges und bei vieler Arbeit doch so genußreiches Eutin ward uns Jahre hindurch verleidet von dem alten Freunde, dem unwiderstehlich anziehenden und dann so schlimmen Stolberg. – Ohne dich, mein tapferes Weib, hätt ich's nicht ausgehalten. In jenem Gartengespräch erfuhr ich zuerst, daß Herzenstöne kein Gehör fanden; die Schlange hatt es betäubt.

Am 4. Nov. 1798 schrieb meine Frau unserem Gleim: »Wir leben nun, dem Himmel sei Dank, in ehemaliger Ruhe und Stille. Stolberg kömmt selten, und dann als einer, der etwas gutzumachen hat, läßt sich von mir hinaufführen und wird durch die unbefangene Art, mit der ihn Voß aufnimmt, erheitert. In der Familie sucht man alle Zerstreuungen für ihn; man bittet Gäste oder macht kleine Reisen. Nun sind sie auf einige Wochen in Emkendorf.« – In Emkendorf! Diese haßbrütende Schwüle bei jenem aus Münster herwehenden Schlangenhauch konnte dem Betäubten weder den Kopf heitern noch das Herz erfrischen. – Am 27. Jan. 1799 schrieb sie: »Stolbergs Bruder ist hier; wir leben aber in strenger Abgeschiedenheit, daß unsere Ruhe nicht gestört werde. Er selbst kömmt selten zu uns und nie heiter; etwas zu arbeiten hat er gar keine Lust.«

Während solcher Zurückziehung kam ich einmal in Stolbergs Zimmer, sah auf dem Schreibtisch ein großes elfenbeinenes Kruzifix aus Münster und betrachtete es. St. ward unruhig. »Lassen Sie«, sagte ich, »die Knochen da unter dem Kreuze wegnehmen; sie sind ja von Missetätern, von Hingerichteten der Schädelstätte.« – »Sie haben recht«, antwortete er beruhigt. Ein andermal, als ich am vollständigeren Kommentar zu Virgils »Landbau« mich müde gearbeitet, kam St. zum Abendessen. »Eben«, rief ich ihm entgegen, »haben Sie mir Ärger gemacht.« Er ward feuerrot. Ich sah Unruhe wegen des »Kirchspielvogts« und stockte selbst. »Warum«, sagte ich endlich, »kein Register bei Ihrer Reisebeschreibung? Ich habe mich blind gesucht!« St. lächelte und war für den Abend heiter.

Am 6. März 1799 ließ Stolberg eine Ode gegen die »Erwartung des Friedens« drucken, voll Zorns auf innere Feinde des Vaterlands und die Jünger der neuen Weisheit, die ohne Gott sein im Leben und im Tode! Jene »politisch-irreligiöse Propaganda von Illuminaten«, die er zu glauben vorgab. Unser Gefühl bewahrt ein Brief vom 9. Junius an Gleim, dem wir einen neuen Besuch ankündeten: »Ach, daß wir ein Friedensfest miteinander feiern könnten nach so herzzerreißenden Greueln der Westhunnen und der Osthunnen! Und dann auch ein Fest des Friedens im Innern; damit alte Freunde und Nachbarn die schönen Tage der harmlosen Ruhe, auch bei verschiedenen Meinungen, zurückrufen können und nicht mehr Krieg aller gegen alle sei!« – Im Julius reiseten wir nach Halberstadt, Halle, Berlin, Schwedt, wo unser Schulz absterbend war, und Neubrandenburg; bald darauf ging Stolberg nach dem Seebade bei Doberan. Meine Frau meldete am 15. September, Graf Holmer habe gesagt, er komme kräftiger zurück. »Auch heiterer (schrieb ich hinzu) wird St. zurückkommen, geläutert wie der fromme Aeneas oder vielmehr wie der unfromme Streiter Romulus durch die abspülenden Fluten Neptuns. Noch einmal, hoff ich, werden wir mit Gemütlichkeit über das hochmenschliche Altertum uns besprechen und die leidigen Zeitteufel der Barbarei in die Wüste bannen.«

Laut dem Briefe vom 11. Dez. 1799 war Stolbergs Schwindel und Kraftlosigkeit wieder da, und wieder suchte er Aufheiterung in – Emkendorf! Die schon beschlossene Reise dahin ward ausgesetzt, weil St. einen Sohn des Grafen von Wernigerode, Ferdinand Stolberg, erwartete, der im nächsten Februar mit nach Emkendorf ging und mit der vierzehnjährigen Agnestochter Marie-Agnes, dem Ebenbilde der Mutter, sich verlobte.

Am 8. Dez. 1799, bei des trefflichen Superintendenten Götschels Einführung, hielt Stolberg eine Anrede, würdig des »Kirchspielvogts«. Schon lang im Herzen ein römischer Katholik, und nach wenigen Monaten öffentlich, nahm er sich heraus, was nicht seines Amtes war, einen evangelischen Lehrer zu belehren. Er dachte das Seinige bei den Frevlern, »die Empörung auf Empörung häufen«, bei den Hirten, »die sich selbst Brunnen aushaun«, und bei seinem jesuitischen Wahlspruch: »Alles ist eitel, dessen Grund und Ziel nicht Gott ist«. Seine Rede kam aus Gott und führte zu Gott, dem papistischen, der Gründe und Zwecke willkürlich zu heiligen weiß. Denn welchen anderen als jesuitischen Sinn darf man dem geheim wirkenden Manne zutraun, der auf Luther um diese Zeit bei Jacobi[10] mit unwissender Wut lästerte? Die Zuhörer indes hatten kaum mehr verstanden, als das lauthallende Wort »Posaune«! Im Druck entzifferten sie einiges dazu.

Sooft wir auch sagten, Stolberg ist katholisch oder wird's, doch täuschte er uns manchmal in die heiteren Agnestage zurück. Bei den Oden, die ich im Winter 1799–1800 dichtete, ward er zuweilen ein Göttingischer Bundesbruder. Mit Wärme pries er das Gedicht »An die Laute«; er kannte nichts Edleres, nichts Sinnvolleres und Frömmeres; er wiederholte den Schluß:

Weisheit rief aus den Wolkenhöhn
    Sanft zur Erde der mildredende Sokrates;
Durch alliebende Kindlichkeit
    Lockt aus Wahne zum Licht freundlich Marias Sohn.

Im »Winterschmaus« lud ich den Mißmutigen, dessen Anblick uns rührte, zu einem der häuslichen Feste, wodurch meine Ernestine sich auszeichnete, und zu ehemaligen Gesprächen über die Herrlichen der Vorwelt:

---

[10] Das bezeugt Jacobi in einem Brief an Graf Holmer vom 5. August 1800. Jacobi hat den drei Bänden seiner Werke, zur Erläuterung seines geistigen Lebens, Briefe an Verschiedene beigefügt; auch solche, wo teils schärfere Bestimmung teils Berichtigung nötig war, z. B. da, wo über Stark und die Gegner, über Heyne und Voß, über Julia R. und ihre westindischen Sklaven geredet wird. Billig sollten die Briefe nachfolgen, worin er Stolbergs Abfall mit so hellem Geist als edler Empfindung tadelt. Wir erwarten sie von den Seinigen, um so mehr, da sie seit dem Jahr 1800 in vielen Abschriften verbreitet sind und, wie ich meine, gedruckt.

Manches Gesangs Nachhall aus Ionia, mancher Laut vom Tibris,
   Wo junger Frühling ewig blüht, umweht uns
Mit herzengendes Grams Aufheiterung.

Aber auch das war nur Flämmchen aus der Asche, von nicht glücklicher Vorbedeutung.

Meine Frau schrieb an Gleim am 16. Februar 1800: »Die Teilnahme, die Voß hier findet, ist nicht sehr herzerhebend. Manche Ode muß vor St. verborgen bleiben, manche, die so warm aus dem Herzen kam, wird kalt aufgenommen oder wohl gar gemißdeutet, und alles für sich behalten, wird auch nicht erlaubt. Zuweilen sind gar Stunden, wo St. alte Herzlichkeit zeigt. Solch ein Gemisch von Wärme und starrer Kälte! Lieber möchten wir Nachbarn ohne Anspruch auf Geist und zartes Gefühl als solche, bei deren Mienen, auch wenn der Mund warm spricht, das Herz einen Frostschauer empfindet! Aber so war's schon im Jahr 1794, selbst bei den herzlichsten Gedichten auf Agnes. Stolberg hat Voß nie gekannt.« Nach Stolbergs Abfall schrieb sie unserm Sohn Heinrich am 28. September 1800: »Bald werden wir wieder glücklich sein in unserer stillen Einsamkeit, wenn keiner uns stört, vor dem wir unsere edelsten Gefühle als unchristliche zu verbergen haben. Wie oft hat dein Vater noch im letzten Winter tief geseufzt, wenn St. ihn in seiner ruhigsten Stunde unterbrach und mit finsterem Gesicht und Klagen über Getümmel, welches er selbst suchte, und über Arbeit, die nicht weit her war, sich neben uns hinsetzte! Fast immer ging er erheitert weg. Diese Erinnerung, und daß dein Vater allen Gesprächen, die den Eiferer aufreizen konnten, sorgfältig auswich, wird ihm einmal rührend sein.«

Die Reise nach Emkendorf, die Stolberg im Dezember aufschob, vollführte er um die Mitte des Februars 1800, begleitet von der ganzen Familie, dem papistischen Hauslehrer und den Gästen aus Wernigerode. Wir müssen bei diesem Besuch aufmerksam sein, es war der letzte, bevor Stolberg, ein noch scheinbar lutherischer, aber auf Luther schmähender und Jesuiten zurückwünschender Protestant, sich öffentlich dem römischen Stuhl unterwarf.

An Gleim schrieb meine Frau den 2. Apr. 1800: »Der arme St. sieht elend aus und soll nach Karlsbad; also werden Sie ihn sehn und die ganze Familie. – Die Wernigeroder haben uns vorgestern verlassen; sie waren zuletzt mit Stolbergs 5 Wochen in Emkendorf; nachher haben wir sie nur flüchtig gesehn.« Sie hat in Erinnerung, daß an ihrem Geburtstage, dem 31. Januar, den die Stolbergische Familie bei uns feierte, von der nahen Reise nach Emkendorf geredet worden und daß sie nicht lange darauf erfolgt sei. In ihren Briefen an unsern Sohn Heinrich in Halle find ich: Am 4. März kam St. allein nach Eutin für eine kurze Geschäftsreise, ging dann wieder nach Emkendorf und kam gegen des Monats Ende zurück. Nach Karlsbad wollte St. mit seiner Familie in den ersten Maitagen über Wernigerode gehn und in W. einige Zeit verweilen. Meine Frau schrieb unserem Sohn den 2. April: »Wenn du Pfingsten (den 1. Jun.) nach Halberstadt reisest, so ist es wahrscheinlich, daß du noch alle in Wernigerode triffst; von da geht St. nach Karlsbad.« Ihr Brief vom 4. Mai an Gleim enthält Grüße für Stolbergs ganze Familie. Die Familie ging über Hamburg, woher Klopstock den 6. Mai der Gräfin Katharina einen Brief an Gleim mitgab.

Aber Gleims Briefe an uns melden, daß in Wernigerode am 12. Mai nur Kätchen mit Marie-Agnes ankam und Stolberg mit der übrigen Familie erst am 12. Junius. Stolberg machte indes einen uns verheimlichten Umweg, der, wie wir spät hörten, über Münster ging. Von da, scheint es, begleitete ihn die Gallitzin bis Driburg, einem Badort unweit Hannover, wo die Gallitzin im Junius war; denn laut Gleims Briefe vom 29. Junius hatte Kätchen sie dort auf der Rückreise nach Holstein zu besuchen gewünscht.

In Münster nun (also im Mai), wie die spätere Aussage war, ließ Stolberg mit seiner Sophie feierlich in die römische Kirche sich aufnehmen. Ob er die Söhne von Agnes zum Übertritt schon damals gezwungen, ward nicht klar. Gleim vermutete es zweifelnd; und der Zwang, den Stolberg in Wernigerode an Marie-Agnes versuchte, gibt der Vermutung Wahrscheinlichkeit. Als St. am 9. August nach Eutin kam, ließ er die Söhne noch für lutherisch gelten, doch behielt er sie streng in Aufsicht. Die Tat selbst und deren Zeit und Umstände wurden so sorgfältig verhehlt wie der Ursprung des tückischen »Kirchspielvogts«. Warum das und wozu?

Von Kätchen erzählt Gleim in mehreren Briefen, er habe sie zwei Tage in Wernigerode gesehn und zweimal zwei Tage bei sich; er klagt über andringliche Religionsgespräche, womit sie ihn, den Kränkelnden, gequält: ihr Gott sei der althebräische Tyrann, der katholische Gott; er hab ihr gesagt, sie sei schon halb Katholikin und werde es in kurzem ganz, wofern sie zu der Gallitzin nach Driburg gehe; sie habe sogar die Jesuiten gerühmt. Stolberg mit seiner Gemahlin, meldet er, habe ihn vor der Reise nach Karlsbad (im Junius) flüchtig und nachher (im Julius) auf der Rückreise wieder besucht.

Erst in der Mitte des August hörte Gleim von Dohm die aus Münster erhaltene Nachricht, Stolberg sei katholisch. Am 25. August schrieb er: »Graf Leopold Stolberg zu Eutin ist *mit seiner Familie* katholisch geworden, zieht nach Münster und erhält vom Bischof von Münster eine Präbende.« Am 31. August: »Wir wußten's seit 14 Tagen; ein Staatsminister schrieb's an unsern Dohm. *Der Renegat war bei uns zweimal und war schon Renegat,* ließ sich aber nichts merken. Die Söhne sahn wie Katholiken aus, waren blöde, schüchtern und sahn, ehe sie ein Wort sagten, nach dem Vater sich um. Die armen Kinder!« Am 4. September schien es ihm, meine Ode, die »Warnung«, müßte Eindruck auf den Freund machen, wenn nicht sein Wahnsinn aufs höchste gestiegen wäre. »Sorgen Sie, Herzensschwester, heitere gesunde Vernunft, daß unser Voß durch den Anteil, den seine Freundschaft an der fatalen Begebenheit nimmt, an seiner Gesundheit nicht leide. Der meinigen hat sie sehr geschadet; unser Kätchen schreibt mir zu viel, mich Quälendes, darüber; ich halt es nicht aus!« Dann fürchtet er für Claudius und schließt: »Wir müssen den Arbeiten der Unvernunft entgegenarbeiten!« Am 9. September: »Gestern las ich Jacobis Briefe an Sophie Stolberg und an den Gefallenen. Sie sind vortrefflich, lieber Voß; ich wollte, sie stünden in allen Zeitungen wie Ihre herrlichen zwei Oden. Wir müssen der guten Sache keinen Schaden zufügen lassen. Wär ich nicht ein alter kraftloser Mann, so würd ich ein Luther! Wir wollen doch sehn, ob *einer* unserer Theologen einer wird. Unsre Schuldigkeit ist, den Schaden zu verhüten oder doch zu mindern, der von *diesem* Beispiel zu befürchten ist. *Der Wahnsinnige droht mit Kaisern und Königen!* Es ist unglaublich, wie weit die Sucht des Dumm-machens sich ausbreitet! – Schrieb' ich eine Geschichte dieses Abfalls, sie ginge zurück auf Lavater. Stolbergs Schwärmerei war schon längst eine katholisch Lavaterische. Was haben Sie, lieber Voß, von der schon ausgestanden! Retten Sie, wenn Sie können, die

Kinder. Die beiden Söhne gingen bei ihrem Hiersein mir nahe; sie sahn wie die tiefste Betrübnis aus; ich wußte die Ursache noch nicht.«

Sehr merkwürdig ist die Drohung, die dem Wahnsinnigen entfiel. *Auf Kaiser und Könige soll gewirkt werden!* Durch weltliche Macht die Vernunft unterjochen, das will die kaltherzige Eigensucht! Das war der Zweck des geheimen Bundes, der nicht nur in Münster und Holstein, sondern, wie nun lautbar ward, auch in Wien und Berlin arbeitete! Diesem Zwecke dünkte sich der schwarze Bund schon nahegerückt!

Gleim erzählte mir im Sommer 1799, ein Minister aus Berlin hab ihn besucht und im Gespräch über die Zeitumstände gesagt, das Volk räsoniere zu viel, man müsse die Katholiken begünstigen. – »Mögen die Exzellenzen sich wohl vorsehn«, war Gleims Antwort; »ihr bekommt euer Volk so roh, wie mein versoffener Kapuziner ist, der, da er neulich vorbeitrabte, auf meine Frage: ›Wohin, Bruder?‹ lustig erwiderte: ›Zum Kranken! will 'n Herrgott machen!‹« – Ein ähnliches Beispiel, wie sehr Ruchlosigkeit gedeihe bei unverständigem Pfaffentum, geb ich aus einem Briefe von Jung in der Beilage. – Als im Mittelalter der Ritter und der Pfaff eines rohen Wohlseins genoß, blüheten durch deren Verein die Völker in leiblichem und geistigem Gemeinwohl? waltete da Gesetz, Ordnung, Pflichtgefühl, Liebe für die glückselige Verfassung? *standen die Throne fest?* – Euch selbst, wenn nicht Hochmut und Sinnlichkeit euch betäubte, euch selbst, unbesonnene Exzellenzen, müßte der schreckliche Ruf eurer zertrümmerten Raubschlösser an das Herz dringen:

Lernet gewarnt recht tun und nicht mißachten die Gottheit!

Mit der winzigen Vernunftbildung, die ihr vom geistigen Bürgerstande gewannt, dünkt ihr euch schlau genug, dem Volke die Vernunft zu tilgen? Weh euch, wenn es gelingen könnte! Der vernunftlose Mensch wird Vieh; das mißhandelte Vieh wird Waldbestie!

Am 22. September schrieb Gleim: »Sie schweigen, Herzensschwester? lassen Ihren Freund in der Besorgnis, daß der Abfall eines einst hochgeschätzten Mannes von seinem bisherigen Gott und von uns, Ihnen und Ihrem Voß tödlichen Verdruß, wie mir, zugezogen haben kann? Sie wußten das schreckende Abenteuer längst schon, ohne Zweifel. Uns hat man's verhehlt. Katharina Stolberg hat mich schändlich hintergangen; ich spare mir die Erzählung. Es sind unglaublich böse Dinge vorgegangen; wir hören alle Tage traurige Nachrichten. Zu Wernigerode nichts als Seufzer! Der Sitz des Friedens ist auf dem Berge nicht mehr. Ziehn Sie, Herzensschwester, uns aus der Besorgnis! – Wir müssen, um nicht der guten Sache der Religion und der Vernunft (es ist eine doppelte Apostasie) zu schaden, uns öffentlich gegen den Apostaten erklären! Wir müssen uns selbst nicht verlassen!«

Dann wieder am 26. September: »O das Kätchen, das mit ihren Briefen mich bestürmt und nichts nun sagt, das mein Herz und meinen Verstand nur irgend befriedigen kann! Nicht eine Silbe von Wahrheit, wie ich wahr zu reden gewohnt bin, lauter Schikane schreibt sie mir. Sie will z. E. mich nicht hintergangen haben, weil das Geheimnis, das sie nicht verraten dürfen, ihres Bruders Geheimnis gewesen sei. Da soll ich Respekt haben vor ihres Bruders Intention! – und ich kann's mit der Zange des Grobschmieds aus ihr nicht herauskriegen, was ihr unseliger Bruder für eine hat. Kann er eine gute haben? Nein! sag ich; und *sie* geht ab auf Neckereien. Wer einmal so, wie diese Basiliskin, mich hintergeht, dem trau ich nie wieder! – Diesen Brief zeigt ihr nur nicht; doch liegt auch, wenn's geschieht, nichts daran. – Sind die Kinder von unserer Agnes katholisch? Ach, wie mag im Himmel sie trauen, wie herabsehn auf den gefallenen Sünder!«

Einen hiermit unverträglichen Grund der Verheimlichung meldet Gleims Brief vom 12. Oktober und mehr Trauriges:»Glück zu, daß Katharina St. auch Euch verlassen hat. Man ist in Sorge, sie werde mit dem Grafen von Reventlow, der nächstens nach Dresden zu seiner dort gelassenen Frau Gemahlin abreisen will, bis Wernigerode Gesellschaft machen. Könnt Ihr's verhüten, so tut's; Ihr verdient Euch einen Gotteslohn. Die gräfliche Familie hat entsetzlich ausgestanden und kaum sich erholt. Szenen, wie Schiller sie nicht erdichten könnte, sind vorgefallen. Ich konnte geduldig sie nicht hören; sie waren unausstehlich tragisch, in der simpelsten Erzählung. Fußfälle geschahn, des Bräutigams vor dem Schwiegervater, der Braut vor dem Vater. Der Vater ließ die Braut einsperren; sie sollte, katholisch zu werden, sich unüberredet entschließen. Barbarischer Vater! Seine Ankündigung: ›Ich muß, muß es sagen; ich bin katholisch geworden!‹ hätt ich nicht ausgestanden. Der Bräutigam, unser Wolfsüberwinder, hat diesen Wolf überwunden, aber ein Fieber davon getragen. Und das arme Kind, die Braut! Sie jammert mich! ›Lieben mich Vossens auch noch?‹, fragte sie so wehmütig, als sie bei uns war, und weinte, als sie vor Vossens Bilde stand. – Das Wunderbarste scheint nun, daß die Bekehrung so plötzlich gekommen sein soll. Man behauptet, keiner von Leopold Stolbergs nächsten Anverwandten habe Anwandlungen an ihm bemerkt! Katharina Stolberg habe bei ihrem ersten Hiersein von dem wirklichen Übergange noch nichts gewußt. Warum denn aber schien diese K. St. eine katholische dumme Christin schon längst gewesen zu sein? Sie quälte mich mit ihren dummen Lobreden auf die Jesuiten ja fast zu Tode! Käme sie wieder, ich stand es nicht aus. Möchte sie doch in ihr Stift gehen! und sich darein ergeben, daß sie die alte Liebe nicht wieder erlangen kann! Aber ich glaube, sie geht auch nach Münster, wird auch öffentlich katholisch, heimlich ist sie's.« – Am Rande: »Schafft mir doch eine Abschrift von Jacobis Schreiben an St. Die Stelle in St. Antwort: Jacobi habe dem Atheisten Fichte die Tür geöffnet und dem Gläubigen St. verschlossen! dünkt mich aus keinem guten Herzen geflossen zu sein.« – Allerdings ein Witzwort, dessen St. sich schämen sollte. Fichte strebte, dem Begriff des Unerforschlichen sich als Weltweiser zu nahen, ward Atheist gescholten (weil er den Adel beleidigt hatte), kam in Not, und Jacobi bot ihm eine Zuflucht an. Stolberg ergab sich dem blinden Glauben an den hebräisch-papistischen Herrgott und prunkte damit. Dort ward dem verfolgten Forscher die Tür geöffnet, hier dem stürmischen Bekenner der Verfolgungslehre der Zutritt versagt.

Noch einmal am 19. Dezember äußerte Gleim den Wunsch, daß Jacobis gediegene Worte über Stolbergs Verirrung der Welt mitgeteilt würden, ohne Rücksicht auf kleinliche Verhältnisse. »Brav, daß V. auch die fünf Fabeln von den »Lichtscheuen« will drucken lassen, sehr brav! Andere sind nicht so brav. Warum denn sieht's unser Jacobi nicht gern, daß seine Briefe bekannter werden, NB. in unserer Gegend? Sie sollten in allen bekannter werden, sollten längst schon gedruckt sein. Warum so bedachtsam? so kalt? so gleichgültig? Könnt ich ein Athlete noch sein, so stritt' ich gegen die Hottentotten, die uns das Licht des Evangeliums auslöschen wollen, wie einer der Tapfersten!«

So empfand Stolbergs Tat ein Edler wie Gleim, der Zweiundachtzigjährige; so empfanden sie Agnes' Söhne und Agnes' verlobte Tochter und ihr Ferdinand und die ehrwürdige Familie, in deren Burg er, wild vom eben getrunkenen Taumelkelch, die unmenschliche Grausamkeit ausübte. Und so nahm sie das gute Kätchen aus Not.

Wir unterdes hatten im Julius 1800 uns Lebensfreude bei unseren Dithmarschern geholt und kamen am 2. August mutig zurück. Gleich nach unserer Ankunft sagte uns Kätchen, mit ihrem Bruder Fritz sei was Unerwartetes vorgegangen, das sie nicht sagen dürfe; die zwei folgenden Tage erzählte sie von Gleim, unbefangen wie sonst, nur das Religionsgezänk umgehend. Die Gräfin Sophie, die der nahen Entbindung wegen ihrem Manne vorausgeeilt war, besuchten wir und fanden sie mit rotem Gesicht am Schreibpult. Am 5. August auf einer Spazierfahrt begann Kätchen: »Ich muß euch etwas mitteilen, das viel Aufsehen machen und, ach Gott! wieviel alte Verbindungen zerreißen wird: unser Fritz ist katholisch geworden.« – »Das erwarteten wir längst«, antwortete ich; »und wo denn?« – »In Münster«, sagte sie und freute sich meiner Gelassenheit. Auf seiner Rückreise, dachten wir natürlich.[11] Agnes' Kinder, hieß es, sein noch protestantisch ; und ich bat Kätchen zu verhüten, daß ihr Bruder nicht eher zu uns käme, als bis er von Agnes' Freunden ein ruhiges Wort über die Kinder anhören könnte. In den nächsten Tagen entfiel ihr, was am 10. August meine Frau unserem Sohn Heinrich schrieb: »In Wernigerode sind heftige Szenen vorgefallen; St. hat die Heirat zu trennen gedroht, wenn man ihm die *fernere Erziehung* seiner Tochter weigerte, aber vergebens. Sie bleibt bei den Schwiegereltern, die sie als eigenes Kind lieben. Wie hat Gott für das treffliche Mädchen gesorgt! Gleim weiß noch nichts. Mir glüht das Gesicht, bald schreib ich wieder.«

Das Geheimnis hatte die Gräfin Sophie schon am 2. August ihrem Nachbar Jacobi schriftlich vertraut und langer Prüfung und himmlischer Ruhe sich gerühmt. Jacobis kräftige Antwort, mit der Erklä-

---

[11] So zu denken, wurden mehrere veranlaßt. In der »Freimütigen Beleuchtung des Stolbergischen Übertritts«, Leipzig 1801, wird S. 10 gesagt: »Der Graf verließ im Julius 1800 seine bisherige Verbindung und trat zu Münster öffentlich zur katholischen Kirche über.«

rung, er wolle Stolberg nicht wiedersehn, beschäftigte sie wahrscheinlich, als wir sie am Schreibpult trafen.

Am 8. August dichtete ich die »Warnung an Stolberg«, die, nach den Umständen überreicht oder gesandt, ihn zum ernsten Gespräch über die Kinder von Agnes stimmen zu können schien. Ihn selbst umzulenken, die Hoffnung war schwach. Der Hauptgedanke der Ode ist: Den menschenfeindlichen Satz, außer der römischen Kirche sei kein Heil, wie mild man ihn dir auch gedeutet habe, mußt du künftig im wahren Sinne des Papsttums annehmen; dazu den Mönchsablaß, den du verabscheuetest; dazu die Brotverwandlung, obgleich du schon Luthers Begriff »absurd« nanntest und Zwinglis Deutung behauptetest. Meine Frau glaubte mit mir, Stolbergs Gefühl würde sein: Hätt ich den Schritt nicht schon getan, ich besönne mich noch; wenigstens will ich den evangelischen Kindern freie Wahl lassen.

Stolberg kam am 9. August mit seinem Bruder aus Tremsbüttel. Trotz Jacobis Verbot stürmte er gleich in dessen Haus, und als der durch den Garten ihm entwischt war, trotz meiner Bitte gleich in das unsrige. Er wußte, weder Jacobi noch ich würden ihn annehmen; das war ihm recht. Nun könnt er als Märtyrer mit unserer heidnischen Hartherzigkeit, mit seiner echtchristlichen Geduld und Demut einherprangen. Aus Furcht vor so zudringlichem Ungestüm, saßen wir in meinem Studierzimmer; wenn der Graf käme, sollte man uns verleugnen. Gleichwohl sucht er uns im Garten, in dem selbigen Garten, wo vor zwei Jahren dem Rasenden meine Frau allen Verkehr aufgekündigt. Darauf sandt ich ihm das Gedicht und schrieb dabei, er möchte dann kommen, wann er ruhig genug wäre, über die evangelischen Kinder ein Wort zu hören. Er schrieb zurück:

»Es wird ganz von Ihnen und von unserer lieben Ernestine abhangen, wann Sie mich sehen wollen. Stürmisch werden Sie mich nicht finden, auch nicht mich stürmen machen, selbst dann nicht, wenn Sie von dem, was ich nach langer Prüfung wählte, im Ton Ihres Gedichtes sprächen. – Sie werden bedenken, lieber Voß, daß ich meinen andersdenkenden Freunden wie der von den Seinigen angefochtene Hiob sagen könne: Irre ich, so irre ich mir. Diese Sache ist eine Sache zwischen Gott und mir; und so ist es auch meine Leitung oder Mißleitung der Kinder, welche nicht Menschen, denen ich Rechenschaft schuldig wäre, sondern Gott mir anvertraute. Gegen Sie und Ernestine bin und bleibe ich der alte und gebe Ihnen die Hand darauf. Nichts wird mich je dahin bringen, meinen alten Freunden nur Mitleid weihen zu können. – Bis wir uns sehen, lassen Sie uns nicht weiter aneinander schreiben.«

Das einzige Gespräch also, das der alten Freundschaft noch übrigblieb, ward abgeschnitten. Nach einigen Tagen schickte ihm meine Frau anvertrauete Blumen zurück und ein paar herzliche Zeilen über ehemals und jetzt. Sie zeigte mir das Blatt; und ich, aus Furcht vor dem gärenden Vulkan, riet ihr, darunterzuschreiben, er möchte nicht antworten. Hieraus ward das Gerücht, meine Frau dächte über Stolbergs Religionsänderung milder als ich, wagte sich aber nicht zu äußern.

Die Pflichten gegen die Kinder hatte der Hofmarschall von Dorgelo, ein Onkel von Agnes, ihm vorgestellt; umsonst, er geriet in Wut. Man hatte Agnes' Brüder bewegt; auch das umsonst: Sein Bruder Christian mied uns; nach mehreren Tagen kam er zu meiner Frau, als ich in der Schule war. Den Erfolg meldet ein Brief an Gleim. »Graf Chr. war von meiner Frau mürbe gemacht worden; triefend wie ein Schwamm, begegnete er mir an der Türe, stutzte vor meinem Anblick, ging mit mir ins Haus zurück und war nervenlos wie ein Schwamm. Sobald ich aber von den Kindern anfing, steifte er sich. Wenn man damit den Bruder quälte, sagte er, so würd er sich eine Pistole vor den Kopf schießen. Auf meine Antwort, bis zu solchem Wahnsinn sei der arme Bruder noch nicht gelangt, wollt er gesagt haben, er selbst, wenn er den Bruder damit quälte, schöß ihm gleichsam eine Pistole vor den Kopf; und dann schwatzt' er so wirr, so unsinnig, so beleidigend, daß ich in das Nebenzimmer ging. Intoleranz nicht nur nannte er's, daß wir den Übertritt zu der intolerantesten Religion und das gewaltsame Hinüberziehn seiner Kinder nicht billigten, nicht den Mut, nicht die Energie hochschätzten; sondern, was glauben Sie? Haß gegen die christliche Religion, ähnlich dem Hasse, sagte er, der die Religionsdiener in Frankreich unter die Guillotine gelegt.«

Meine Frau schrieb an Gleim, ihr habe der Graf gesagt: »Die Ansicht meiner Ode sei abscheulich; denn *sein Bruder Fritz glaube nicht eine allein seligmachende Kirche!* man müsse duldsam sein, schonend sein; ihn jetzt an die Pflichten, die er den Kindern schuldig sei, zu erinnern, wäre grausam, brächte ihn leicht zur Verzweifelung.«

Die »abscheuliche Ansicht der Ode« war, daß jenen abscheulichen Satz sein Bruder bis jetzt *nicht glaube,* daß die listige *Sirene,* die, Hussens Verbrennung nicht gut zu finden, dem Protestanten Claudius verargte, ihrem Leo die Abscheulichkeit des Satzes *verschleiert* habe; daß er aber, nach kurzer Frist, ihn in seiner ganzen Abscheulichkeit glauben müsse. Weniger mild schrieb Lavater dem katholisch gewordenen Fritz: »*dieser mir abscheuliche, dir nun heilige Glaube*«, nämlich an ausschließende Beseligung. Und Fritz antwortete ihm, grade was ich für seine Gesinnung bis dahin hielt. »Nicht der wahre Geist der katholischen Kirche hieß Andersdenkende verfolgen, verfluchen, verbrennen.« Sechs Jahre nach dieser Milchnahrung war er zu derberer Kost erstarkt. In seiner Religionsgeschichte, B. I. S. XVII – XX, lehrt der reif gewordene Papist: Nur seine Kirche biete die Gnadenmittel; kein Andersmeinender habe Ansprüche auf Seligkeit, am wenigsten der Verfasser der »Warnung« (dessen Ausdrücke er braucht); denn ärger und gefährlicher, als Gott und Unsterblichkeit leugnen, sei dessen »im Staube seiner Schule« ergrübelter und mit entwandtem Reize der Offenbarung geschmückter Unglaube. Das waren Stolbergs letzte Empfindungen, die er öffentlich über mich äußerte. Mit anderen Empfindungen über ihn sprach zuletzt meine »Ode an Jacobi«, mein Lied »An einen Verirrenden« und »Der trauernde Freund« und nach solcher Verdammung mein dreizehnjähriges Stillschweigen.

Von Stolberg mir eine so kaltherzige, so bittere, so hohnvolle Verdammung! Kein bedaurender Laut für den armen Grübler des Schulstaubes, den er jahrelang Freund genannt, den seine Agnes geliebt, dessen Christentum in der »Luise« und in der dreistündigen Unterredung ihm Tränen entlockt, ihn zu heiteren Gefühlen erwärmt hatte! Unmöglich nahm sein Herz Anteil an der grausamen Verdammung; es war bloß eine befohlene Glaubensformel, die er, wie den Fluch auf Illuminatenspuk, gläubig mit ungläubigem Herzen nachsprach. Verdamm er denn, was sein Glaubensherr als arg und gefährlich ihn verdammen heißt, freie Vernunft, freien Gebrauch der Offenbarung. Wir, unserm göttlichen Herrn getreu, üben das Gebot: Verdammt nicht, daß ihr nicht verdammt werdet. Wir möchten mit den abweichenden Brüdern einträchtig schon hier, wir werden gewiß dort anstimmen den Engelgesang: *Ehre sei Gott* in der Höhe! *Friede* auf Erden! und den Menschen ein *Wohlgefallen!*

Da auch Graf Christian die Hand abzog, so war für unsere Ruhe gesorgt, wenn wir uns einschlossen und sagten: Werde denn katholisch, wer es nicht lassen kann! Aber noch einen Versuch glaubten wir unserer Agnes schuldig zu sein, daß nicht ihre evangelischen Kinder unüberzeugt die päpstliche Lehre bekennen müßten. Ich meldete das Geschehene dem Fürstbischof und bat ihn, den Vater zu verständigen. Auch dessen so gewichtvolle als herzliche Zurede blieb ohne Wirkung. Zum Dank für mein wohlmeinendes Bemühn, verleumdeten mich Stolbergs Angehörige bei Hensler, ich hätte den Fürstbischof zu bereden gesucht, daß er dem Vater die eigenen Kinder mit Gewalt wegnehme.

Woher solche Erbitterung auf uns alte Freunde, die es für Pflicht hielten, Stolbergs Kinder, und Agnes' Kinder und unsere Lieblinge, zu bewahren, auch mit Aufopferung unserer Ruhe, vor der schrecklichsten Tyrannei, vor Glaubenszwang! Stolberg selbst schrieb zwei Jahre vorher als Kirchspielvogt: »Wer mir an meinen Glauben (er sprach vom Lutherischen) tasten will, ins Herz greift mir der! und besonders wenn ich meine evangelisch getauften und evangelisch unterrichteten Kinder vor mir sehe!« Er konnte sich ja einen Altgläubigen nach Augsburgischer Konfession aussuchen, einen Zögling von Kleuker oder aus Wöllners Begünstigten, worunter gewiß mancher ehrlich hinglaubende war, einen durch Lavater Begeisterten, einen der achtungswürdigen Herrnhuter. Gewissenhafter als der Familienbund handelte in dieser Sache, wenn das Gerücht Wahrheit meldete, sogar Kleuker. In einem Briefe an unseren Heinrich wird er gelobt, daß er St. wegen der Kinder in Kiel dringend ermahnt und nachher noch eine eigene Reise deswegen nach Eutin gemacht habe. Wenn es wahr ist, ward auch der, weil er Ungerechtes und Schädliches abwenden wollte, unduldsam genannt?

Am natürlichsten erklärt sich der starrsinnige Eifer des Vaters und der Angehörigen durch Gleims Vermutung: die Söhne waren katholisch bereits im Junius. Daher ihre für Gleim rührende Betrübnis; daher ihre Verlegenheit zu antworten, ihr ängstliches Hinblicken zum Vater; daher auch ihre Eingezogenheit in Eutin. Meine Frau schrieb am 17. August: »Stolbergs Kinder werden sehr gehütet; sie sind noch zu keinem Menschen gekommen.«

Stolbergs Angehörige äußerten keine Mißbilligung seiner Tat, keinen Wunsch, daß sie ungeschehn sein möchte. Nur daß andere mißbilligten, bedauerten, noch Ungeschehenes abwenden wollten, dem Stürmischen, der mit verstörtem Gesicht sich himmlischer Ruhe und verzeihender Demut rühmte, aus dem Wege gingen: das, das war der Familie unerträglich, das schalt man fürchterliche unchristliche Intoleranz. Selbst der Fürstbischof, der bis zur Bettlägrigkeit litt, und der biedere gefühlvolle Graf Holmer wurden getadelt, daß sie den Erbarmungswürdigen nicht einluden wie sonst. Auch nahm man's übel, daß der Fürst dem ehrenvollen Abschied nicht ein Gnadengehalt hinzufügte.

Für uns ward Stolbergs Herz noch zweimal bewegt. Er hatte gegen Dorgelo geklagt, daß Voß und Jacobi ihn »von sich stießen«. Als er am folgenden Tage die Geburt eines Sohnes ansagen ließ, schrieb ich ihm: »Halte den nicht für Unfreund, der seitwärts geht, weil er nicht helfen kann. Segen dem Geborenen.« Stolberg antwortete: »Dieses Wort von Ihnen, vielleicht Ihr letztes an mich in dieser Welt, war ein freundliches. Es ging nicht verloren. Herzlichen Dank und Gottes Segen über Sie, über die liebe Ernestine und alle Ihrigen.« Eines Nachmittags, da wir durch die Stadt in den Schloßgarten gehn wollten, begegnete er uns auf der Brücke, mit dem ältesten Sohn ins Feld reitend. Unseren stummen Gruß erwiderte er, rot im Gesicht, mit gesenktem Blick. Wir sahn ihm gerührt nach, er uns. So schieden wir.

Allgemein war das Erstaunen und das Mitleid, daß ein Mann wie Stolberg so tief sinken konnte; allgemein die Verwunderung über die Angehörigen: wie gleichgültig sie von dem Abfall sprachen, wie lobpreisend von des Abgefallenen echtchristlichem Gefühl, von dem anhaltenden Ernst und Kampf seiner Prüfung, von seiner Energie, seiner Aufopferung, seiner Duldsamkeit, und, wenn einer für den einst herrlichen Mann es anders wünschte, wie heftig, wie ergrimmt sie auffuhren, mit den bittersten Vorwürfen der Unduldsamkeit. Sehr wahrscheinlich ward das verbreitete Gerücht, es würden bald mehrere des Familienbundes sich als Römisch-Katholische bekennen.

Was blieb den Freunden übrig, als sich zurückziehn? Jacobi flüchtete nach Hamburg bis zur Abreise der Ungestümen, Graf Holmer nach seinem Landgut; wir, sobald wir konnten, hinter Kiel zu unseres teilnehmenden Esmarchs stiller Wohnung am Meer. Das Unwesen, das man mit der Bekehrungsgeschichte trieb, war selbst dem schwachsinnigen Herzog in Plön anstößig und ärgerlich. Er hatte bisher allerlei Papsttum für sich geübt; jetzt verwarf er den katholischen Kram und wollt es mit der reformierten Religion versuchen.

Den 21. Sept. schrieb ich an Gleim: »Da steht das große Kind, das sein Mütlein gekühlt hat und forttrotzt; und um ihn her die hätschelnden Streichler, die seine Kraft und sein durchfahrendes Köpfchen anlächeln und den bedenklichen Zuschauer schelten, der nicht mithätscheln will! Jacobis runde und tüchtige Erklärung gegen den Unsinn hat viel anderes wieder gutgemacht. Er hielt es bisher für weise, durch halbe Einräumungen sanft belehrend, in der Mitte zu stehn, und verdarb es mit der Vernunft und mit der Unvernunft. Er wird sich hüten vor künftigen Vermittlungen. Klopstock hat den dringenden Zumutungen, St. zu sehn, sich gefügt; wie einst bei Lavater, den er artig und kalt aufnahm. Seine Bedingung: Kein Wort von Religion! diesen stummen Verweis hat St. sich gefallen lassen. Claudius tadelt den Übertritt; die allmählich fortgeschrittene Übertretung mißkannte er. Der römische Katholik, der vorlängst in Reden und Taten, in Gedichten und in der Aufruhrschrift des vorgeblichen Kirchspielvogts tätig war, schien ihm ein evangelischer Glaubensheld. Er hat, als er Stolbergs Absicht bei der Reise nach Münster vermutete, ihn gebeten, er möchte fortfahren, das wahre Christentum zu verteidigen, aber kein Ischer werden.« – Gleim antwortete mir, ihm habe ein lutherischer Prediger gesagt, daß der Hr. Graf Leop. Stolberg katholisch geworden sei, das sei doch sehr unartig. »Leider (fügt er hinzu) sind Zeichen der Zeit, die vermuten lassen, daß unsere evangelischen Prediger gern auch Bischöfe wären. Doch schweige die ganze protestantische Christenheit, so wollen wir reden!«

Verklärte Seelen, Jacobi und Claudius, die ihr Freunde mir Mitwallenden wart, es mehr sein werdet dem Mitverklärten, aus euren reineren Höhn der Wahrheit hör ich die holde bekannte Stimme: Sei brav! verhehle nichts, was uns Irrenden entfuhr, damit der Schaden geheilt werde und verziehn.

Der Michaelistag war zu St. Abreise bestimmt, und zwar nach Münster, nicht, wie es einmal hieß, nach Dresden. Einige Tage vorher wurden wir von der Gräfin Luise St., Christians Gemahlin, bestürmt, Abschied zu nehmen; zuerst meine Frau in beweglichem Tone der Empfindung, ich am folgenden Tage in rauhem und fast gebietrischem. Wir erklärten, daß wir einer wehmütigen Szene, auch mit einiger Gefahr, uns hingeben wollten, wenn St. sie wünschte; aber in unserem Hause, woher allein freundliche Erinnerungen ihn begleiten könnten. Die Gräfin verlangte es in St. Hause. »Auch das«, sagte ich, »aber in St. Zimmer; gegen die Gemahlin, die nie unsere Freundin war und die der Fürstin Pläne begünstigt hat, können wir wohl Vergessenheit üben, aber nicht heuchelnde Höflichkeit.« Plötzlich, mit Miene und Laut der Geringschätzung, wandte sie mir den Rücken und ging.

Das Folgende aus dem Briefe meiner Frau an Gleim vom 6. Oktober: »Weiterem Andringen zu entgehn, schrieb ich an St. selbst, wie es mein Herz fühlte; und Voß billigte den Brief. Lesen Sie:

›Ein mündliches Lebewohl müssen wir uns nicht sagen, liebster St., aus Schonung für Sie und uns. Es wäre nur eine erschütternde Szene, die keinem wohltätig, aber leicht einem von uns nachteilig sein könnte. Sie sehen genug, die über Ihr Losreißen weinen; warum sollen Sie auch uns noch sehn? Ihr eigenes Herz soll für uns zeugen, daß kein Haß und keine Bitterkeit uns zurückhält. Wer kann den alten St. so innig lieben als wir? wer kann es tiefer fühlen als wir, daß er nach und nach aufhörte, der alte zu sein? Aber unsre Schuld ist es nicht, wenn wir fest daran glauben, daß der alte der bessere war. Diesen alten St. werden wir, so lange wir leben, mit der innigsten Anhänglichkeit lieben. Wir werden sein Andenken wie das Andenken eines Geschiedenen rein in unserm Herzen zu erhalten suchen und es auch so in den Herzen unserer Kinder fortpflanzen. Wir werden sein oft mit Sehnsucht gedenken; und wann wir uns dort wiedersehen, wo Agnes ist, werden wir ohne Reue und ohne Scham darüber, daß wir jetzt uns zurückziehn, die Augen gegen ihn aufschlagen. Inniger als wir soll sich keiner freuen, wenn Sie da Ruhe finden, wo Sie jetzt sie suchen. Gott lasse Ihre Kinder zu Ihrer Freude gedeihn, lasse sie wahrhaft gute Menschen werden, lasse sie einst Ihre Asche segnen. Voß fühlt sich jetzt wieder gestärkt; er war vierzehn Tage lang völlig abgespannt; die Reise und Henslers Mittel haben ihn so weit wieder hergestellt, daß er seine Stunden hält, und sich wohl fühlt, wenn er sich schonet. Daß ich nicht wohl bin, kann Ihnen Kätchen sagen. Dies bestimmt uns noch mehr, nicht Abschied zu nehmen. Es wäre ja in jeder Rücksicht der bitterste Abschied, den wir je genommen. Ihre Blumen sollen mir ein heiliges Andenken sein, ich habe einige von den besten zurückbehalten. Ist die Moosrose aus Ihrem Garten noch nicht versagt, so schicken Sie sie mir: sie soll wie Agnes' weißer Busch gepflegt werden. Ich habe mich diesen Sommer so oft daran gefreut, wie sie so schöne Knospen trieb. Gott segne Sie und die Ihrigen. Vergessen werden Sie uns nie, das weiß ich. Wir umarmen Sie mit herzlicher Liebe.« –

Kätchen sagte mir, der Brief habe ihn gerührt; er ließe uns herzlich grüßen, die Unruhe der letzten Tage hindere ihn zu antworten. Am letzten Nachmittage brachte mir Kätchen folgende Antwort:

›Also kein mündliches Lebewohl, weil Sie und V. es nicht wollen. Von meiner Seite auch keine Vorwürfe, keine Erwiderung der mir gemachten. Ich würde Ihnen beiden meine Ideen über Toleranz nicht beibringen können und muß es ertragen, wenn Sie glauben und mir sagen, daß ich schlechter geworden bin; wenn Sie glauben, daß unser Abschied eine erschütternde Szene sein würde; wenn Sie glauben, das Zeugnis meines Herzens dafür anrufen zu müssen, daß kein Haß und keine Bitterkeit Sie zurückhalte. – Liebe Ernestine! mein Herz gibt Ihnen das Zeugnis, daß dieser fürchterliche Intolerantismus nicht in Ihrem Herzen ist. – Mir ist, seit ich katholisch bin, kein alter Freund darum weniger wert geworden, so wie auch kein Protestant, dem das Christentum wirklich heilig und lieb ist, sich darum von mir entfernt hat. – Jacobi, der dem Atheisten Fichte sein Haus in Pempelfort anbot, schloß mir hier das seinige. – Jede liebevolle Erwähnung meiner seligen Agnes tut meinem Herzen wohl. Ich drücke Ihnen in Gedanken die Hand dafür, daß Sie sie in Ihrem Briefe nennen. – Mögen wir uns wiedersehn, dort, wo sie, die hienieden schon zum Engel reifte, unser harret! – Gott sei mit Ihnen und mit Voß und mit Ihren Kindern! – Ich umarme Sie beide mit Wehmut und mit herzlicher Liebe. F. L. St. – Ich freue mich, daß Sie den Moosrosenbusch werden blühen sehn.‹ –

O wie gut, daß wir mit der mündlichen Unterredung verschont blieben, wir Unchristen, denen dieser Christ die Möglichkeit, selig zu werden, wünscht! Er hat uns durch unsre Kinder, die Abschied nahmen, noch einen Gruß gesandt, sie nicht. – An dem Tage, da St. abreiste, machte V. ein Begräbnislied. Ich leg es bei. – Jacobi, der am Donnerstag zurückkam, erzählte, einer von St. Vorfahren sei katholisch geworden und nachher wieder Protestant. Voß möchte das gern bestimmter wissen.«

Ich selbst schrieb am 27. Oktober: »Unsre Stürme sind überstanden; aber die Gestade liegen voll Wrack, und ein Freund ist verloren! Nicht bloß abgestorben, nein, Unfreund geworden mit den Seinigen. Das Geklätsch voll Entstellungen und Unwahrheiten, das aus dem Hause des einst so Geliebten ausging, klatscht noch in Kiel, in Kopenhagen, in Hamburg und wo nicht sonst? Wohl uns, daß die unnachbarliche Nachbarschaft aufhört und wir einem ruhigen Winter entgegensehn!«

Intolerant! schrien über uns Stolberg und Stolbergs Verwandte und Anhänger, auch sonst viele der weisen Weiblein und Männlein, die, gleichgültig um Wahrheit und Recht, dem Vornehmeren hold, mit sanftmütigem Herzen ausstehn. Intolerant! ich, dem Stolberg in Ulm »verfluchte Toleranz« vorwarf! *Christkatholische Brüder* lieb ich, wie alle, die in unschädlichen Meinungen abweichen: ich selbst, mit Luther, ein altchristlicher Katholik. Aber *papistische Unduldsamkeit* muß jedem Duldsamen ein Greuel sein. Ein protestantischer Geistlicher, der das Vergnügen der Ketzer Jagd sich selbst nicht versagte, hat drucken lassen: »Die wahre Toleranz muß auch Intoleranz dulden!« – Die noch wahrere Toleranz duldet nicht nur, sondern will, daß man Intoleranz nicht dulde. Ein so kindisches Wortspiel bei einer so ernsthaften Sache! Von Papisten gebraucht, ist es ein mehr als kindisches: ein arglistiges.

Auch manchem Papisten durch Geburt schwebt die unmenschliche Verfolgungslehre nur auf der Lippe, das menschliche Herz widerstrebt, wovon die Geschichte der vertriebenen Salzburger rührende Beispiele zeigt. Anders ist es mit gewordenen Papisten. Solcher zudringlichen Konvertiten, die selbst der Katholik meistens nur wie getaufte Schacherjuden schätzt, mich zu erwehren, entwarf ich die Inschrift für mein Gartenhaus:

> Redlicher Katholik,
> tritt herein.
> Du, der die Vernunft abschwur,
> neumystischer Papist,
> bleib draußen.

Wem ekelt nicht vor der angenommenen Demut, der neulichen Seelenruh, dem noch unbehülflichen Augendrehn solcher Kaltherzigen, die, das heiligste Band zwischen Eltern und Kindern, zwischen Geschwistern, Verwandten, Freunden, ja zwischen Mann und Weib zu zerreißen, sich zum Verdienst anrechnen?»Meine Schwester«, so rief eine selbstgefällige Phantastin,»hat der wahren Religion sich selbst durch tödlichen Gram geopfert; ich meine Mutter!« – Unter den redlichen Katholiken hab ich Freunde und Freundinnen; selbst Overberg war mir wert, bis er sich Täuschung erlaubt hatte. Vor 38 Jahren schrieb mir ein gelehrter Benediktiner, er möchte seiner verfolgungssüchtigen Religion entsagen, wenn ihm meine Freunde nur ein mäßiges Amt verschaffen könnten. Ich antwortete: Das Amt fände sich wohl; aber bleib, wo die Vorsehung dich anstellte, und hilf zur Religion der Liebe durch Lehr und Beispiel die Irrenden zurückführen. Ein katholischer Landpfarrer sandte mir vor zehn Jahren von seinen geopferten Ostereiern ein Teil und ein Rehziemer dabei, zum Opfer, wie er sich ausdrückte, für mein Grünauisches Gedicht. Er lebe, schrieb er, in brüderlicher Freundschaft mit einem lutherischen und einem reformierten Pfarrer; jede Andeutung von *alleinselig* werde gedämpft mit dem Ausruf: *Dort auf die Bank!*

Während wir zu Eutin, nach sieben qualvollen Jahren, unsere alte Ruhe im Inneren und im Äußeren wiederfanden, suchte der Geschiedene seine Beruhigung dort, wo mit der Gallitzin ihr Fürstenberg, einst als Aufklärer berühmt, dunkelte; wo ein Bund von Adligen und Priestern Roms, zum Hohn der deutschen Denkfreiheit, halbviehische Trappisten ansiedelte, ja vor gläubigem und ungläubigem Pöbel sogar ein *Wunder* hervorbrachte, bescheiniget von den Angesehensten, worunter Friedrich Leopold Graf zu Stolberg! –

Laßt es doch fortwundern, fromme Herrn! Der Münstermann hat gesunden Verstand; bald wird der noch gläubige Pöbel euch in das Antlitz schaun.

Der Übergang von einer falschen und verdammungswürdigen Religion zu der allein wahren und alleinseligmachenden sollte doch wohl mit eigenem Glanz echtchristlicher Tugenden, wogegen die scheinbarste Ketzertugend zu Laster wird, wie mit einer Glorie umleuchtet sein und makellos aller der Unlauterkeit, die der Erste der Verdammten, jener durch *Hochmut* aus einem Engel des Lichtes zu einem Nachtdämon herabgesunkene Vater des Lugs und Trugs, in die Welt brachte. Was für Umstände begleiteten die letzten Schritte Stolbergs in den Tempel, außer welchem alle Anstrengungen zum Besseren verloren sind? Laßt uns zurückblicken.

Im Frühling 1798 lärmte Fritz Stolberg als lutherischer Kirchspielvogt; im Sommer sprach er von einem papistischen Hauslehrer; gegen den Herbst bracht er den Pfaffen mit und trachtete, mit der Miene großmütiger Schonung, den wahrhaft lutherischen, in Luthers Geist evangelischen Lehrer, seinen vieljährigen Freund – anzuschwärzen. Im Winter 1798 bis 1799 stand auf seinem Arbeittisch ein gräßlich gebildetes münstersches Kruzifix. Im Winter 1799–1800, da er dem Superintendenten die evangelischen Lehrpflichten mit Doppelsinn einschärfte, lästerte er Luthers Reformation. So war die letzte Annäherung zum Tempel der Alleinseligmacherei. Und wie war der Eintritt, dessen heroische Energie zu bewundern die Seinigen kaum Atem genug fanden? Verdeckt und heimlich, als schämt er sich vor sich selbst.

Verheimlicht ward uns durch falsche Angabe die Fahrt nach Münster. Verheimlicht vor Gleim der geschehene Übertritt; verheimlicht von St. selbst, auch nach der schreienden Behandlung seiner evangelischen Tochter, und verheimlicht auf Stolbergs Befehl von der Schwester, die doch dem armen Gleim mit zudringlicher Anpreisung der katholischen Religion und der Jesuiten die Geduld ermüdete. Als Gl. von Fremden benachrichtiget war, entschuldigte sich Kätchen mit zwei unverträglichen Angaben, wovon die der plötzlichen Bekehrung falsch war, und sprach von geheimer Intention. Das gute Kätchen! Sie hätt ihr redliches Herz gern erleichtert, durfte nicht, wollte zum voraus rechtfertigen, wiederholte, was aus

Eutinischen und Emkendorfischen Gesprächen von Katholischsein und Jesuiten ihr nicht übel schien, und kam in die Klemme, vorzüglich mit der Intention. Auch uns durfte sie das Geheimnis zuerst nur ankündigen und nach einigen Tagen nur halb enthüllen, so daß wir wähnten, ihr Bruder käme vom Katholischwerden aus Münster her. Ob die Söhne katholisch waren, blieb dunkel.

Wozu dies ängstliche Geheimhalten, dies Beschönigen, dies Hinundherreden wie mit Bewußtsein einer Schuld? Wenn St. in der Absicht, ein römischer Katholik zu werden, nach Münster ging oder wenn dort (was falsch ist) ihn plötzlich der Entschluß überwältigte – in beiden Fällen mußt er ohne Verzug unserem Fürstbischof und dann aller Welt freimütig und getrost bekennen: Ich habe für mein Herz Ruhe gefunden in der katholischen Religion. Was hielt den Zagenden zurück? was bewog ihn zu Täuschungen, die eines Biedermanns, zumal eines durch die ausschließende Himmelsreligion geläuterten, unwürdig sind?

Über so sorgfältig verheimlichte Mysterien, wo man das Göttlichste der Menschheit, freie Vernunft, abschwur, sind *Vermutungen* erlaubt. Wie wenn auch die Reise nach Münster Maske war? Wie wenn der Übertritt früher und an einem ganz anderen Orte geschah? Irrt die Vermutung, so lüfte die Familie selbst den Schleier und bringe so viel Widerwärtiges in Einklang, der sowohl Herz als Verstand befriedige.

Schon vor der Münsterschen Fahrt, schon am 5. April 1800, schrieb Lavater an Stolberg den Brief, der so anfängt: »Du wirst, lieber Fritz Stolberg, gewiß nicht erschrecken, von Lavater einen kleinen Brief zu erhalten – den ersten nach Deiner mir nicht schwer begreiflichen *so genannten Glaubens- und Religionsänderung.*« Am 5. April!

Dieser Brief Lavaters, samt Stolbergs Antwort darauf, ward im Jahr 1802 den »Freimütigen Bemerkungen über das Antwortsschreiben des Grafen Stolberg« vorgedruckt von dem Herausgeber, der sich »Freund des grauen Manns« unterschreibt. In der Vorrede sagt er: »Der Leser mag sich versichert halten, daß diese Briefe von ganz sichern Händen kommen und hier *unverfälscht* in der genauesten Abschrift zum Abdruck eingeliefert worden.«

Unverfälscht! Für verfälscht also muß gelten ein wesentlich verschiedener Abdruck, der aus Schmidts »Allgem. theolog. Bibliothek«, B. 5. St. 3, aufgenommen ward in die »Neuen theolog. Annalen, März 1802, S. 78. Hier sind Stellen, die der Stolbergischen Partei unangenehm sein konnten, mit anderen vertauscht oder weggelassen. Gleich das Obige z. B., damit man nicht dächte, St. habe an seinem bisherigen Glauben weniges zu ändern gehabt, ward abgekürzt: »nach Deiner mir nicht schwer begreiflichen *Religionsänderung.*« Lavater nennt die katholische Kirche »ein altes *reichbeschnörkeltes* Gebäude«; der Änderer, ein *reichlich beschenktes.* Der Sturz dieses Gebäudes, sagt Lavater, »würde ein Sturz »*alles kirchlichen Christentums* sein«; der Änderer, *des Christentums,* wie ein Papist sagen muß. Lavater sagt: »Ich werde nie katholisch, d. h. *Aufopferer meiner Denkens- und Gewissensfreiheit*«; die anstößige Erklärung läßt der Änderer weg. Lavater spricht gegen den Satz einer alleinbeseligenden und unfehlbaren Kirche und fügt hinzu: »Ich denke, Du habest diese Einwendungen selbst gemacht und sie sein Dir auf eine *für Dich* genugtuende Weise beantwortet worden«; das bedeutende *»für Dich*« übergeht der Änderer. Lavater wünscht seinem Fritz »alle Tugenden der Gallitzin, der Droste, der Katerkampe, der Sailer, Fénelons«; statt der drei münsterschen Namen gibt der Änderer eine Lücke, mit der Anzeige, jene Namen sein in der Abschrift unkenntlich. Lavater schließt: »Adieu, Ewiglieber! *Grüße die Engel in Menschengestalt, die dich umgeben. Noch leide ich sehr und täglich mehr an den Folgen meiner Verwundung.* Lavater.« Alles nach »Ewiglieber!« unterschlägt der Änderer aus gegründeten Ursachen.

In den obigen Änderungen verrät sich ein münsterscher Papist, dem der Tadel seiner Religion und die Erwähnung der münsterschen Engel bei dem verdeckten Spiel mißfällig war. Weil nun in der echten Abschrift, die St. voll leichtsinniger Freude über Lavaters Billigung verstreut hatte, auch Lavaters Datum auf unwillkommene Vermutungen führen konnte, so setzte der Verfälscher in seine zum Druck beförderte statt des 5. Aprils den 4. Oktober über den Brief, und vor einen Absatz, den er mit »Ich sage mehr noch« begann, den 5ten. Dies nötigte ihn, was L. von seiner Verwundung sagt, wegzulassen. Denn Lavater, verwundet den 26. Sept. 1799, war schon sehr krank im August 1800 (Rinteln, »Theol. Nachrichten«, 1800. S. 308) und starb den 2. Jan. 1801. Schwerlich demnach schrieb er im Oktober einen so langen ausführlichen Brief. Auch hütete sich der Verfälscher anzumerken, daß eine unechte, mit dem 5. April bezeichnete Abschrift umherginge; das hätte Verdacht und schlimme Nachforschungen geweckt. Denn für die Echtheit der Abschrift mit dem 5. April zeugt die Natur der veränderten Stellen ebenso stark als die Versicherung des Vorredners, der gar keinen Grund hatte zur Verfälschung wie jener Papist, ja der die Wichtigkeit seines Datums nicht einmal ahndete.

Wenn also, nach dem Ausspruche der strengen Logik, Lavater am 5. April, und nicht am 4.–5. Oktober, sein erstes Schreiben an den katholisch sich bekennenden Fritz Stolberg erließ; wenn damals neulich des im Herzen schon längst katholischen Fritz Stolbergs »so genannte Glaubens- und Religionsänderung« geschehn war: zu welcher Zeit wäre sie wohl geschehn? und an welchem Ort? Alle Spur weiset zurück in den Zeitraum zwischen der Mitte Februars und dem 4. März 1800, und zwar nach der gräflichen Wohnung in Emkendorf, wohin Stolbergs von Ingrimm gegen Luther entflammtes Herz schon im Dezember sich gesehnt hatte. In Emkendorf, der längst geschäftigen Schmiede für Geistesfesseln!

Es läßt sich denken, daß, jene so große, so energische Handlung des Bruders Fritz dem lieben Lavater zu verkündigen, eine der frommen Seelen aus Lavaters treuem Zirkel nicht säumig war. Lavaters Antwort ward nach Münster bestellt; denn über Münster, sobald Frühling und Amtsgeschäft es verstatteten, nach Wernigerode und Karlsbad zu gehn, schien so erbaulich für das katholisch gewordene Ehepaar als notwendig, um der Religionsänderung Zeit und Ort den Nachfragen zu entziehn. Gegen den Mai also dachte sich Lavater die Wallfahrt nach Münster, wo er seinem Fritz als katholische Tugendmuster die Gallitzin, die Droste, die Katerkampe empfiehlt und ihm Grüße an die umgebenden Engel in Menschengestalt aufträgt.

Ich habe wiederholt nachgerechnet und andere mit mir, das Ergebnis ist gar zu auffallend. Wer möchte gern Unrecht tun? wer, was schlimm genug ist, noch verschlimmern? Wenn es gleichwohl anders sein sollte, so tragt die Schuld ihr, aus deren Gewebe von Täuschungen man nicht herausfinden kann ohne die Annahme: Friedrich Leopold Stolberg und seine Gemahlin verleugneten den evangelischen Glauben um den Anfang des März in Emkendorf. Daß man nichts für die Anwesenden schlösse, ward die Vermutung erregt, es sei zu Münster im Mai oder im Julius geschehn; aber, so weit möglich, ohne wörtliche Unwahrheit: der Nachforschende sollte sich selbst täuschen. So blieb das Gewissen mit noch schwererer Last verschont.

Die Phantasie sträubt sich. In Friedrich von Reventlows Wohnung zu Emkendorf, dem Heiligtume des rein protestantischen Glaubens nach dem Augsburger Bekenntnis, hier ein entlegenes Zimmer, geweiht zum Allerheiligsten für die Geheimnisse des Glaubens, der, rein von allem Protestieren, den Machtsprüchen des römischen Stuhls huldigt? Hier Weihkessel und Rauchfaß? hier von Wachskerzen erhellt das Münstersche Kruzifix und in schimmernder Monstranz, was Stolberg in dem Briefe an Lavater praesens numen, gegenwärtige Gottheit, nennt? Hier auf dem gesegneten Stein aus Münster, stolz im Priesterornat, jener düstere, einem Trappisten vergleichbare Pfaff, und vor ihm mit demütiger Gebärde Fritz Stolberg samt seiner Sophie? abschwörend den göttlichen, durch Luther wieder errungenen Glauben der Bibel, die St. von nun an nicht lesen darf ohne Vergünstigung? abschwörend, was den Menschen über das Tier erhebt, wodurch der Mensch Gottes Ebenbild ward, die heilige Vernunft? O der tiefen, der jammervollen Entwürdigung!

Gern mag auch in Münster der Maimonat die entketzerten Seelen mit einer Nachheilung erquickt haben, etwa mit dem Chrisam der Firmelung, oder womit sonst ein römischer Weihbischof die letzte Makel des Anathema zu tilgen pflegt. Noch heute geht das Gerücht, daß dem betörten Stolberg die dortigen Wundertäter durch Bischofswerdersche Kunst das Bild seiner Agnes gezeigt, die ihn versichert, sie sei in der Todesstunde plötzlich bekehrt worden, und jetzt im Fegfeuer harre sie der ewigen Seligkeit. Und woher anders als durch vorgespiegelte Erscheinung war St. ihrer herannahenden Seligkeit so gewiß? In seiner Antwort auf Lavaters Brief beteuert er: »Mit Ruhe und Wonne denk ich an den Engel in weiblicher Gestalt, den Gott vor 12 Jahren an Deinem Geburtstage von meiner Seite weg hinüber in das bessere Leben rief. Sie ist früher *katholisch* geworden als ich, um 12 Jahre früher *ein Mitglied der großen allgemeinen Kirche* zu sein, deren Kinder teils hienieden streiten – teils in *läu-*

ternden Flammen büßender Liebe, dennoch selig in gewisser Hoffnung, ihre *Litaneien*, – teils am Throne Gottes und des Lammes, wie Ströme großer Wasser, ihr *Halleluja* singen.«– Für sich selbst, der noch hienieden streitet, hofft er nur »gegen Sicherheit gewarnt, mit kindlichem Vertraun auf Gottes Erbarmung«, er werde vielleicht einstimmen in das brausende Halleluja, »da ich (sagt er daselbst) mit Furcht und Zittern meine Seligkeit suchen soll und also nicht weiß, ob ich ewig jauchzen werde.«– Meiner Frau schrieb er zuletzt den erz-papistischen Wunsch: »Mögen wir uns wiedersehn, dort wo sie, die hienieden schon zum Engel reifte, unser harret!« Mich aber, den ärgsten und gefährlichsten der Ungläubigen, erklärt er in seiner Religionsgeschichte alles Rechts auf die Seligkeit verlustig: unbarmherziger als Overberg, der doch für meine Rettung die Augen rollte.

Mir schwillt das Herz bei dem Gedanken, wie unserer Agnes holde Gestalt entweiht wurde durch ein nachgegaukeltes Schattenbild in betäubendem Dampf mit Merkmalen des gefabelten Fegfeuers. Glauben sie an Unsterblichkeit, die verworfenen, auf Lug und Trug sinnenden Sklaven Roms? Glauben sie, daß Gutes nach dem Tode belohnt werde und Böses bestraft? Oder haben sie vom Guten und vom Bösen so zerrüttete Vorstellungen, daß sie den Himmel durch Teufelskünste zu verdienen hofften? Unsere Agnes, die holdselige, die reine, die heilige, durfte nicht eingehn in Gottes Himmel, nicht eingehn einmal in ein läuterndes Vorparadies; wenn sie nicht, die Unschuldige, noch am Torschlusse des Lebens – katholisch ward! Ohne diese unerläßliche Bedingung mußte die kindlichste Engelnatur brennen im satanischen Gehenna! mußte von Qual sinken zu graunvollerer Qual, von Verdammnis zu endlos fortwachsender Verdammnis! Ihr unmenschlichen Priester des Hildebrandischen Roms!

Ja, bei Gott dem Allbarmherzigen! wir werden uns wiedersehn, Stolberg und Agnes und Ernestine und Voß, unschuldiger dem Guten nachstrebend und dadurch seliger als einst in dem schönen Seetal Eutins! Aber welche Scham, welche Reue, du betörter Stolberg, wird deiner Seligkeit vorangehn!

Jenes ängstliche Vertuschen der Zeit und der Umstände, jenes, mehrere Monate lang, unstete Reden und Tun, bei Lavaters 5. April,

macht es allerdings wahrscheinlich, daß die Szene der Abschwö-
rung in Emkendorf war. Wenn wir demnach, bis die Stolbergische
Partei all das erwiesene Flunkern zu rechtfertigen sich bequemt, das
Wahrscheinliche wenigstens als möglich annehmen dürfen, dann
drängt sich die Frage auf: Wer mochte wohl Zeuge sein der ge-
heimnisreichen Zeremonie? Wer, als Augenzeuge, bewunderte am
lautesten die seitdem so überschwenglich gepriesene Energie des
Sprungs in Hildebrandischen Geistesfron? Wer empfand die gewal-
tigsten Schauer, die seligsten Entzückungen bei der Wunderschau
der heiligen Gebräuche, als durch das Fiat des düsteren Römerpfaf-
fen der Rest kalter Vernunft in brünstige Glaubseligkeit zerschmolz,
als alles auf Vernunft und Offenbarung gegründete *Nein Nein* in ein
gebotenes *Ja Ja*, mithin Negatives in Positives und Protestieren in
Unterwerfung sich verwandelte? Reizte die angestaunte Energie gar
keine Nachfolge? Hatte die Reise der frommen Julia nach Dresden,
und ihr Verweilen daselbst, durchaus keine Beziehung auf ihr
Herz?

Doch sei es mit dem *Bekenntnis* wie es wolle, den *Geist* der papistischen Religion darf die Familie nicht ableugnen. Welcher Papist in
Protestantengestalt konnte wohl unbetroffener und beifälliger sprechen von Stolbergs Übertritt? obgleich der Drang zu dem Übertritt,
ohn einige Vorahnung der nächsten Angehörigen, bei einem ab-
sichtlosen Besuch in Münster, wie ein Blitz aus heiterer Luft, ihn
überrascht haben sollte! Welcher Papist konnte gleichgültiger und
störrischer von sich weisen, daß Stolbergs noch für evangelisch
ausgegebene Söhne durch billige Vorstellungen bewahrt würden
vor gewaltsamem Aufdringen einer anderen, ihrem nicht mehr
unmündigen Begriff anstößigen und verhaßten Religion? Welcher
in Protestantengestalt eingefleischte Papist konnte die Gutmütigen,
die noch retten wollten, was zu retten war, wütiger anfahren,
schamloser und hämischer verlästern?

Wie mein Flehn, um Agnes' willen die Söhne vor Zwang zu
schützen, von Christian Stolberg erwidert ward, ist oben bemerkt
worden. Derselbige Graf Christian war's unter anderen, der meinen
Gang zu dem mitfühlenden Fürstbischof verleumdete. Derselbige
Graf sandte dem Dichter Georg Jacobi, dem Bruder des Philosophen, in sein poetisches Taschenbuch, als Freundesgeschenk, eine
Art Ode, worin ein Adler zur Sonne flog zum Verdruß eines Pfaus

und einer Nachteule. Der Adler war sein Herr Bruder im Schwung zur Sonne der Gallitzin; der stolzende Pfau – Friedrich Jacobi, der hochadlige Gesellschaften nicht, wie er sollte, mied; die Nachteule – Voß, dem die Familie, eifersüchtig auf angeborenen Geist, doch in der Wisserei des Schulstaubes einiges Grübelgeschick zugestand; und die Idee dieser Schwungode war aus einem Titelkupferchen vor seines Bruders Jamben entlehnt, wo ein emporblickender Adler sich über kritisches Geflügel in die Höhe schwingt. Dies Freundesgeschenk ließ der arglose Georg Jacobi drucken und empfand schmerzlich die Hinterlist. Der selbige Graf Christian Stolberg, als ich einen Ruf, in Würzburg ein Seminar für höhere Schullehrer zu errichten, nach langem Sträuben auf Bedingungen angenommen und bald nachher, durch jesuitische Pfaffen geschreckt, wieder aufgekündiget hatte, gab in den »Hamburger Correspondenten« ein von der »A. L. Zeitung« zurückgewiesenes Sinngedicht des Inhalts: ein Fuchs, nach der Traube springend, habe sie nicht erhascht. Die Wohnung im Traubenlande hätt er mir vielleicht noch verziehn, ohne den Zweck meiner Anstellung.

Etwas kräftiger, und nicht so heimlich, ging der Emkendorfer Herr Graf Friedrich von Reventlow zu Werk. Bernstorffs Freund Johann Andreas Cramer, berühmt durch Gedichte, geistliche Reden und vielseitige Gelehrsamkeit, hatte zuletzt als Kanzler in Kiel die verfallene Universität hergestellt, und fast alle Fächer mit tüchtigen, großenteils vortrefflichen Lehrern besetzt, auch dabei für die Landschulen der Herzogtümer ein Seminar gestiftet, dessen Vorsteher Müller durch Kenntnisse, Lehrgaben und Redlichkeit sich großes Verdienst um die Volksbildung erwarb. Auf gleiche Art beförderten Göttingens Gedeihn vielkundige und weltberühmte Anordner wie Haller, Mosheim, Gesner und der hier achtungswürdige Heyne unter dem Schutz einsichtsvoller Staatsmänner. Cramers Beschützer Bernstorff, ein wissenschaftlicher, nach alter Weise streng erzogener Staatsmann, hatte, wie Hensler mir oft bezeugte, mit ihm in Göttingen rechtschaffen studiert und vermochte, nach Cramers Tode, den Bau seines Freundes in dessen Sinne zu unterhalten. Als Bernstorff im Jahr 1797 zu den Unsterblichen gegangen war, erhub sich, durch Geburt und Verbindung, zur Pflege der Gelehrsamkeit Friedrich von Reventlow unter dem Titel Kurator der Kielischen Universität. Auch er hatte, was ich ihm bezeugen kann, in Göttingen ein wenig

studiert, aber nicht viel. Obgleich er dort manchmal, wie sein
Freund Haugwitz, unsere Versammlungen mit seiner Gegenwart zu
beehren pflegte, so hatten wir doch seine Herablassung, seinen
grellstimmigen Witz, seine Fertigkeit, ins Lächerliche zu verdrehn,
nicht sehr anziehend gefunden. Später, sagt man, bildete er auf
Reisen und Gesandtschaften seine geselligen Tugenden, die Feinhei-
ten neuerer Politik und was die Weltleute Geschmack nennen; welchen Geschmack er durch Ankauf von Gemälden, durch Gartenan-
lagen, durch Gastfreiheit gegen einen Jacobi (Graf Christians Pfau!)
und andere Namhafte, trotz ihrer Gelehrsamkeit, an den Tag legte.

Mit solchen Auszeichnungen geschmückt, übernahm Graf Fr. von
Reventlow die Leitung einer gelehrten Anstalt, einer Gesamtschule
für alle dem Menschen und dem Bürger wohltätigen Wissenschaf-
ten. Er dachte vielleicht: Ein Edelmann leitet mancherlei Anstalten
mit Fug; er ist geborener Kurator des Marstalls, Kurator der Jagd,
des Schenktisches, der Vergnügungen; warum nicht auch Kurator
einer Universität?

Sehr wohl! wenn er die Männer von Cramers Wahl, nach Bernstorffs Beispiele, fortarbeiten ließ, gerechte Wünsche und Bedürfnisse
von ihnen anhörte und beförderte, etwa entstehende Lücken mit
nachgewiesenen Tüchtigen ausfüllte, auch wohl den Ernst der Gelehrsamkeit zuweilen durch einen scherzreichen Schmaus erheiter-
te. Was für das Ganze der Universität, an welche die Landeskinder
auf zwei Jahre gebunden sind, der Herr Kurator getan habe, gehört
nicht hieher. Sein Hauptzweck, weshalb er sich zudrängte, war
Theologie und Volksbildung. Hier waren noch alle Lehrstühle besetzt mit Lehrern, die Cramer gewählt hatte, noch allesamt in fri-
scher und gesegneter Tätigkeit. Und diesen gesundesten Teil der
Cramerschen Anordnung getrauete sich der Herr Kurator für
schadhaft zu erklären mit Kennerblick und durch Hausmittel und
Arcana von heroischer Natur zu – kurieren.

Es wäre sehr gegen den guten Ton, wenn ich mit Erörterung alles
dessen, was ein Gottesgelehrter bedarf, mit morgenländischen
Sprachen, Sitten, Volksmeinungen, mit dem, was Jesus von Naza-
reth bestritt und lehrte; was dann die Kirchenväter gegeneinander
behaupteten und verketzerten durch Gründe und durch Gewalt;
wie dann der römische Bischof die Obergewalt allmählich erschlich,

päpstlichen Betrug auf Betrug häufte und die menschenfreundlichste Religion in die menschenfeindlichste verwandelte; wie man darauf durch freie Untersuchung und vernünftige Auslegung der schwierigen Urkunden die ursprüngliche Lauterkeit der christlichen Religion herzustellen begann, nicht endigte – wenn ich mit allem dem die Geduld der Exzellenz ermüden und ihr ein feines Belächeln ablocken wollte. Mit angeborener Urteilsfähigkeit meisterte der Herr Graf Doktoren der Theologie, den Anordner Cramer und dessen Angeordnete, worunter ein Geyser war.

Den Cramerschen Theologen bestellte der Graf, oder half bestellen, zum altprotestantischen Zionswächter und zum Mitprüfer ihrer Lehrlinge den Rektor Kleuker, einen Günstling der Gallitzin und des noch heimlichen Papisten Stolberg. Denn eigentlicher Kurator war er noch nicht, sondern nur tätiges Mitglied des Familienbunds, der, nach Bernstorffs Tode, den von der Gallitzin entworfenen Ritterzug gegen evangelische Denkfreiheit unter Stolbergs Anführung mit dem Agendensturme begann. Auf diesen Unterschied pocht der vornehme Beantworter des »Sendschreibens an Friedrich von Reventlow«, 1805, dessen biederen Urheber er, der Namlose, als Namlosen verhöhnt und weiterhin, weil er der Regierung sich genannt habe, einer »ungebührlichen Vertraulichkeit« straft.

Ebenso früh hatte man Müllers Seminaristen durch ausgestreute Verunglimpfungen von den Dorfschulen entfernt zu halten gestrebt. Später im Jahr 1801 erschien unter dem Titel »Ehrenrettung der Kieler Seminaristen« eine dem »Schreiben des Kirchspielvogts« ähnliche Schmähschrift gegen das Seminar, worauf die Regierung Müllers Verantwortung foderte. Er gab sie mit zahlreichen Belegen, bat um Erlaubnis des Drucks und erhielt – keinen Bescheid. (Siehe das Schreiben aus Holstein in der Beilage.) Plötzlich im Anfang des Jahrs 1805 ward Müller, ohne Urteil und Recht, durch des Kurators Zurede genötigt, die Leitung des Seminars aufzugeben und Professor der Philosophie und der Theologie zu werden: eine Kränkung, die dem armen, durch treue Arbeitsamkeit geschwächten Mann eine tödliche Krankheit verursachte. Seine mehr als zwanzigjährige musterhafte Amtsführung, sagt der Sendschreiber, war nach dem einstimmigen Urteile landeskundiger Männer sehr segenreich für die Volksbildung. Dagegen ruft der vornehme Antworter: »Lebt nicht Müller-Sokrates noch? lehrt noch? steht noch unerschüttert, nur auf dem höheren Katheder? geachtet, verehrt wie immer, den guten Ehlers uns ersetzend?« – Der herzlose Höhner, den ich mir leibhaft denke, wie er in faunischem Behagen sich die Hände reibt!

Statt dieses allgemein geachteten und von seinen Seminaristen nach dem Tode jüngst durch ein Denkmal verehrten Lehrers berief der Herr Graf (»nicht als Kurator«, schreit der vornehme Beantworter, »sondern als Oberaufseher des Seminars«), er berief, sag ich, ein gar rüstiges Werkzeug, das kaum eine Gallitzin zweckmäßiger gewählt hätte – Wöllners berüchtigten Glaubensknecht, Hermann Daniel Hermes, der nun ein Achtzigjähriger war. Den berief er, nicht nur zum Vorsteher des Seminars, sondern durch Macht der Familie – zum Oberaufseher des gesamten Kirchen- und Schulwesens! Das tat Friedrich von Reventlow, ein durchaus nicht schwärmerischer, ein sonst wohl überlegener Mann! Das wagte die Handvoll Scheinprotestanten einem wahrhaft evangelischen Volke durch Mißbrauch der anvertrauten Fürstengewalt zu bieten! Aber wie sehr hatte die Schlauigkeit sich verrechnet! Die Stimmen des Erstaunens, des Unwillens, des Abscheus waren so laut, so allgemein, daß Hermes die Oberaufsicht der Kirchen und Schulen nicht erhielt und in kurzem, weil er zu arg faselte, völlig entlassen ward. Worauf auch der Herr Kurator von seiner nicht preiswürdigen Verwaltung abtrat.

Ein Beispiel, wie weit Erbdünkel selbst die Klügeren verleiten kann! Gewandt in Künsten der Politik, kaltblütig genug und nicht ohne Gefühl des Lächerlichen, wagte sich der Mann in den Geisteskampf mit so ungleichen Kräften, mit solcher Verblendung für die klar bevorstehende Schmach der Niederlage! Neben Wöllner im Gerüchte zu prangen, hielt Friedrich von Reventlow nicht unehrenhaft. Daß nicht ganz Deutschland ihn mit jenem zusammennennt, das macht der Winkel, worin er sein Wesen trieb, und die Kürze des seinem, obgleich abenteuerlichen, doch weit gelehrteren und kräftigeren Vorbilde lächerlich nachgeäfften Versuchs. Unsere Zeit, ihr Sprößlinge des Barbartums, ist zu hell für ein papistisches Possenspiel. Die lustige Person, der Teufel selbst, schämt sich am Tageslicht seines Gehörns, seiner Scharlachzunge und des zottigen Klumpfußes.

Weltzerrüttende Völkerschlachten hatten das armselige Ketzerscharmützelchen bald verdunkelt. Kaum aber schwand die Angst vor Napoleon, dem Würgengel der Hochgeburt, als im Jahr 1816 jener scheinprotestantische, vom Papisten Stolberg begeisterte Adelsbund einen neuen Angriff auf die evangelische Denkfreiheit begann. Anlaß bot diesmal die im Jahr 1815 unter Adlers Zensur gedruckte Altonaer Bibel mit Anmerkungen vom Konsistorialrat Funk in Altona. Diese Ausgabe fand Beifall im Volk, nirgends Anstoß; und wenn ja, so stand jedem frei, sich eine andere zu kaufen. Dennoch ward sie für aufgedrungen und ketzerisch ausgeschrien. Zuerst schrie ein Namloser in einer auswärtigen Monatschrift. Hierauf erhielt Funk eines Namlosen freundliche und dann *vornehm drohende* Auffoderung, etwa ein halb Schock Blätter, wo es ketzerisch roch, umzudrucken. Bald folgten die gedroheten Angriffe von Kleuker und mehreren Gehetzten, abgewehrt von tüchtigen Verteidigern; und endlich, dem zudringlichen *Adel* willfahrend, beschloß die Regierung im Jahr 1817 den Aufkauf des verketzerten Buchs, ohne Funks und Adlers Rechtfertigung zu vernehmen, und verbot eine neue Auflage. (Umständlicher das Schreiben aus Holstein in der Beilage.)

Was will denn jener frömmelnde Adelsbund mit seiner zudringlichen Geflissenheit für das, was ihm altprotestantischer Glauben dünkt? Wie ward er so besorgt für das geistliche Wohl des Volks, dessen leibliches ihm so gleichgültig ist? wie so eiferig für die Seelenruhe, die nirgends gefährdet ist, Unruh im Staate zu erkünsteln? Wenn sein Laienverstand in der neuen Agende, im Kieler Seminar, in der Altonaer Bibel, Anstößiges, seinem Katechismus Entgegenes argwöhnte, warum nicht auf gesetzlichem Wege Belehrung oder Recht gesucht? Warum bei der Agende das niedere Volk zum Widerstand gegen die Regierung erregt, bei dem Seminar und der Bibel die Regierung zu Gewaltstreichen gegen die Besseren des Volks? Sichtbar ist das papistische Bestreben, die evangelische Kirche, die nicht Machtsprüche in Religionslehren erkennt, dadurch zu überwältigen, daß man die Anhänger des Augsburgischen Buchstabs aufwiegele gegen die herzlichen Bekenner der Christuslehre: *Gott anbeten im Geist und in der Wahrheit.* Man wünscht Trennung in altgläubige und neugläubige Protestanten; die letzteren will man als gefährliche Vernünftler ausrotten durch List und Gewalt und jene, die man echtlutherische nennt, weiter bearbeiten. Solche Trennung empfahl schon im Jahr 1805 der junkernde Namlose, der den Kurator Reventlow und dessen Organ Hermes gegen den biederen Sendschreiber verantwortete.

Gewiß, den meisten Adligen in beiden Herzogtümern, auch manchem der alten Ritterschaft, wird dieser Plan der Verbündeten ein Abscheu sein. Wer demnach bei hochadligem Geblüt ein hoch-edles Gemüt, wie Luther und Luthers Geistgenossen, zu haben vorgibt, wohlan! der bequeme sich zum Schibboleth und singe mit uns:

> Erhalt uns, Herr, bei deinem Wort,
> Und steur des PAPSTS und Türken Mord!

Will's nicht heraus, schwatzt er von unchristlicher Intoleranz; so wollen wir singen, was Luther in unserer Zeit singen würde:

> Erhalt uns, Herr, bei deinem Wort,
> Und jage Papst und Junker fort!

Denn wütender und arglistiger als jemals der Türk droht jetzt der Junker den erleuchteten Völkern finstere Barbarei.

Der Prediger Harms, ein gewiß wohlmeinender und, so weit Einsicht es verstattete, wohlwirkender Mann, wird staunen, zu welchem Zweck man ihn mißbrauchen wollte, und sich besinnen, zu welchem Zweck ihn der Vater des Lichts mit Gaben gerüstet hat. Er, ein Diener des lauteren Evangeliums und nicht menschlicher Überlieferung wende sich gegen die heimtückischen Zwingherrn, welche statt ihrer jüngst auf Befehl der öffentlichen Meinung[12] entlassenen Leibeigenen jetzo sogar Geisteigene verlangen. Er bekämpfe mit uns *die Erbfeinde der bürgerlichen Gesellschaft,* die, grausamer als Berittene der Vorzeit, unserem Himmelsgute, wodurch der Mensch vom

---

[12] Graf Christian Rantzau in seiner »Darstellung der Leibeigenschaft«, 1796, empfahl freiwillige Entsagung des barbarischen Unfugs.»Denn die Stimmung unsers Zeitalters heischt diesen Schritt, und die Klugheit rät uns, ihn zu beschleunigen.« Darauf erklärten die Gutsherren dem Könige:»Zwar hat die allgemeine Stimme, besonders aber der Gutsbesitzer selbst, zu diesem Schritte die erste Veranlassung gegeben.« S. Anmerkungen zu meiner Idylle »Die Erleichterten«.

vernunftlosen Geschöpf zum Engel strebt, hinter dem Busch auflauren. Kurz wird der Kampf des Geistes mit den Lichtscheuen sein; denn all ihr Tun ist Schleichen und Unverstand.

So weit sind einzelne der Schleswig-Holsteinischen Ritterschaft hinter anderen Staatsbürgern zurück an Einsicht und an Liebe des gemeinsamen Vaterlands! Sie fragen nicht, ob Dummheit dem Staate Gedeihn bringe, was doch schon eine Vergleichung der Marschbauren mit ihren vormaligen Leibeigenen lehren kann. Sie wollen dumm machen, damit sie fortgelten für erbklug zu den ersten Ämtern des Staats, dessen Bürger, dessen Gelehrte ihnen Spottnamen sind, dessen Lasten ein wenig mitzutragen, sie für großmütige Aufopferung erklären. Sie verlangen Erbrechte ohne Erbpflichten; sie verlangen vom Staat nicht nur Schutz, sondern Vorzüge, ausschließende Vorzüge, ohne zur Macht und Ehre des Staates beizusteuren mit Gut, Arbeit und Geist. Nicht für Gemeinwohl regt sich ihr angeborener Mutterwitz, nein, einzig für ihr besonderes Wohlbefinden, für zechfreien Mitgenuß, für unbeschränkte und ungeschmälerte Wegprassung des Leckersten. Dies Erbdrohnenrecht begeistert sie wie den Griechen Freiheit und Vaterland; dies fortzuerben auf ihre Dröhnlinge, reizen sie umeinander das Volk auf den Fürsten, den Fürsten auf das Volk; dies zu verteidigen, ergeben sie sich dem dunkelnden Papst und dem anarchischen Satanas. Wann dort die nahe Verfassung zur Sprache kommt, die weisen Räte des Fürsten sowohl als die Verständigen des Volks werden auf ihrer Hut sein vor der Anmaßung und dem heimlichen Betrieb dieser Eigensüchtigen.

Seht da die Agendenstürmer, die Verkümmerer einer Cramerschen Lehranstalt für Theologie und Pädagogik, die Verwahrloser des Unterrichts, die Mitdunkler eines Hermes und Kleuker, die Verketzerer, die Anstifter von Gewaltstreichen, ohn andere Anklage als die ihrige, ohne zugelassene Verteidigung! Seht, wie sie, bei aller Regsamkeit doch ihrer Ohnmacht sich bewußt, hinblicken zu dem energischen Fritz, der seit dem August 1800, nach bezwungener Schüchternheit, sich herzhaft bekennt als Glaubensbruder der Gallitzin! wie sie trotzen auf ihren Hort! auf ihren Sankt-Peters-Fels! Dieser Fritz, in dem jüngsten Aufsatz »Über den Zeitgeist«, warnt vor den hochtönenden Worten *Freiheit, Recht, Gleichheit* (Libertas, Jus, Aequitas), weil mancher sie falsch deute, und empfiehlt uns zum Schutz dagegen die *allein wahre Religion,* die er geradezu *Kirche Deutschlands* nennt. Der Zeitgeist, sagt er, nimmt keine Kunde von *Gott* (dem Herrgott) und ist also im eigentlichen Sinn *gottlos;* er will nichts wissen von *Urkunde* und *Überlieferung;* er verschmäht das *Alte* und versucht *Neuerung.* Ja, er will *uralte Eichen* (nämlich Stammbäume) wie Unkraut ausgäten, indem er des Adels *edle Bestrebungen* und *gegründeten Besitz* verkennt. Die altertümliche Einrichtung hat, was er lobt, nur zwei Klassen: *Hier,* sagt er, bringt sie *Großes* und *Schönes* hervor in einer *kleinen Anzahl von Familien,* die alles *Gewerbes* sich enthalten (die ihr Großes und Schönes umsonst leisten!) – und *dort* durch Genossenschaften und Innungen sichert sie den Bürgern *Ruhe, Sitten* und *Genügsamkeit* bei ihrem Geschäft. Welches gewerbsame und genügsame Volk von den Bauren und Handwerkern bis zu den Mösern und Lessingen reicht. So Großes und Schönes wird uns in einer rednerischen Periode gerühmt, die zwar nicht schön ist, aber so groß, daß kaum ein altertümlicher Raugraf in *einem* Atem sie aushalsen könnte.

Ähnliche Armseligkeiten füllen Stolbergs »Religionsgeschichte«, die mit der Erschaffung der Welt anfängt und aufhört, ehe das, was ihm allein wahre Religion ist, ausgebildetes Papsttum, in die Welt gekommen war. Ihr Theologen tatet nicht wohl, dies vornehm demütige, papistischen Trug nachlallende Fabelbuch, mit zu sanfter Rute gestäupt, hinschleichen zu lassen, weil ihr's verachtetet. Es ist, wie das »Schreiben des Kirchspielvogts«, auf Unwissende und Vernunftarme berechnet. Ihr vergaßt, daß solche nicht nur in der Hefe des Volks vorwalten, sondern auch oben im Schaum: der, stolz auf sein Gesprudel, nicht zu geistiger Klarheit sich veredeln will, nein, der, das hütende Gefäß zu übersteigen, selbst aus dem Bodensatz Gärungen hervorlockt.

Über tredition

Eigenes Buch veröffentlichen

tredition wurde 2006 in Hamburg gegründet und hat seither mehrere tausend Buchtitel veröffentlicht. Autoren veröffentlichen in wenigen leichten Schritten gedruckte Bücher, e-Books und audio-Books. tredition hat das Ziel, die beste und fairste Veröffentlichungsmöglichkeit für Autoren zu bieten.

tredition wurde mit der Erkenntnis gegründet, dass nur etwa jedes 200. bei Verlagen eingereichte Manuskript veröffentlicht wird. Dabei hat jedes Buch seinen Markt, also seine Leser. tredition sorgt dafür, dass für jedes Buch die Leserschaft auch erreicht wird.

Im einzigartigen Literatur-Netzwerk von tredition bieten zahlreiche Literatur-Partner (das sind Lektoren, Übersetzer, Hörbuchsprecher und Illustratoren) ihre Dienstleistung an, um Manuskripte zu verbessern oder die Vielfalt zu erhöhen. Autoren vereinbaren direkt mit den Literatur-Partnern die Konditionen ihrer Zusammenarbeit und partizipieren gemeinsam am Erfolg des Buches.

Das gesamte Verlagsprogramm von tredition ist bei allen stationären Buchhandlungen und Online-Buchhändlern wie z. B. Amazon erhältlich. e-Books stehen bei den führenden Online-Portalen (z. B. iBookstore von Apple oder Kindle von Amazon) zum Verkauf.

Einfach leicht ein Buch veröffentlichen: **www.tredition.de**

Eigene Buchreihe oder eigenen Verlag gründen

Seit 2009 bietet tredition sein Verlagskonzept auch als sogenanntes "White-Label" an. Das bedeutet, dass andere Unternehmen, Institutionen und Personen risikofrei und unkompliziert selbst zum Herausgeber von Büchern und Buchreihen unter eigener Marke werden können. tredition übernimmt dabei das komplette Herstellungs- und Distributionsrisiko.

Zahlreiche Zeitschriften-, Zeitungs- und Buchverlage, Universitäten, Forschungseinrichtungen u.v.m. nutzen diese Dienstleistung von tredition, um unter eigener Marke ohne Risiko Bücher zu verlegen.

Alle Informationen im Internet: **www.tredition.de/fuer-verlage**

tredition wurde mit mehreren Innovationspreisen ausgezeichnet, u. a. mit dem Webfuture Award und dem Innovationspreis der Buch Digitale.

tredition ist Mitglied im Börsenverein des Deutschen Buchhandels.

Dieses Werk elektronisch lesen

Dieses Werk ist Teil der Gutenberg-DE Edition DVD. Diese enthält das komplette Archiv des Projekt Gutenberg-DE. Die DVD ist im Internet erhältlich auf **http://gutenbergshop.abc.de**

FSC
www.fsc.org

MIX

Papier | Fördert
gute Waldnutzung

FSC® C083411

Zeitfracht Medien GmbH
Ferdinand-Jühlke-Straße 7
99095 Erfurt, Deutschland
produktsicherheit@kolibri360.de